趙惠玲，石靜 編著

把眼淚還來！

細思極恐的傳說真相

岳飛背上到底刺什麼？
劉伯溫是諸葛亮轉世？
梁山伯算不算gay？
重新挖掘鄉野奇談的另一面！

口耳相傳的民間故事，
其實還有更精采的內幕？

據傳包公有一顆「遊仙枕」，頭靠在上面就能進入陰曹地府？
法海做賊喊捉賊、許仙是軟飯男，白蛇傳根本在講遇人不淑？
花和尚不是只有魯智深，濟公不唸經好酒肉一眼就識破妖怪？

目錄

第一章　精神頌歌——人物傳說

目錄

第四章　神奇幻想——神魔傳說

目錄

第一章 精神頌歌——人物傳說

在民間傳說裡，歷史人物傳說十分發達、成熟。歷史人物傳說，是以歷代社會生活中實有其人的著名人物為中心，透過藝術加工、幻想、虛構等手法，敘述他們的行為、事蹟或遭遇等的傳說。這些傳說在表現歷史事實的同時，也注重刻劃歷史人物，並且在傳說中反映的是集體性的群眾英雄。

歷史人物傳說以人物為中心，敘述他們的事蹟和遭遇，也表達了人民群眾的評價和願望。是我們研究歷史的重要素材，對於研究人類文明的演進具有重要意義。

李冰智鬥江神建都江堰

戰國時期，蜀地的岷江年年都發生水患，那裡的人們世世代代和洪水抗爭，但一直都無法徹底解決問題，人們一直都生活得非常痛苦。

後來，秦國吞併了蜀國，秦國為了將蜀地建成其重要的基地，決定徹底治理蜀地的岷江水患。於是，秦昭王便任命很有治水才能的李冰到蜀郡去擔任郡守，治理那裡的水患。

李冰到蜀郡後，親自查看當地的災情，他發現，發源於成都平原北部岷山的岷江，沿江兩岸山高谷深，水流湍急。而從岷江上游挾帶來的大量泥沙淤積在這裡，抬高了河床，加劇了水患。特別是在灌縣城西南面，有一座玉壘山，阻礙了江水東流，每年夏秋洪水季節，常造成東旱西澇。

李冰經過實地查看後，發現原來確定的引水渠選址不合理，就廢除了原來的計畫，把引水口上移到了成都平原沖積扇的頂部灌縣玉壘山處，這樣可以確保較大的引水量和形成通暢的渠道網。他新規劃的引水渠，由魚嘴、飛沙堰和寶瓶口及渠道網所組成。

在修築分水堰的過程中，李冰採用江心拋石築堰的方法失敗後，就另闢新路，讓竹工編成長三丈、寬二尺的大竹籠，裝滿鵝卵石，然後一個一個地沉入江底，這樣就戰勝了湍急的江水，終於築成了分水大堤。

據後來唐代作家李吉甫所著的《元和郡縣圖志》記載：

「楗尾堰在縣西南二十五里，李冰作之以防江決。破竹為籠，圓徑三尺，長十丈，以石實之。累而壅水。」

此法就地取材，施工、維修都簡單易行。而且，籠石層層累築，既可免除堤埂斷裂，又可利用卵石間空隙以減少洪水的直接壓力，從而降低堤堰崩潰的危險。

分水大堤前端猶如魚頭，所以取名叫「魚嘴」。魚嘴是在寶瓶口上游岷江江心修築的分水堰，因堰的頂部形如魚嘴而得名。據《華陽國志》記載：李冰「壅江作堋」的「堋」就是指魚嘴。它將岷江分為內外江，造成了航運、灌溉與分洪的作用。

為了進一步控制流入寶瓶口的水量，李冰又在魚嘴分水堤的尾部，又修建了分洪用的平水槽和「飛沙堰」溢洪道。飛沙堰也用竹籠裝卵石以堆築，堰頂做到適宜的高度。

這樣，當內江水位過高的時候，洪水就經由平水槽漫過飛沙堰流入外江，就能保障內江灌區免遭水淹。同時，由於漫過飛沙堰流入外江水流的漩渦作用，就有效地衝走了泥沙在寶瓶口前後的沉積。

魚嘴的分水量有一定比例。春耕季節，內江水量大約占六成，外江水量大約占四成。洪水季節，內江超過灌溉所需的水量，由飛沙堰自行溢出。

接著，李冰又帶領人們開鑿寶瓶口。因「崖峻阻險，不可穿鑿，李冰乃積薪燒之」，劈開玉壘山，鑿成寶瓶口。寶瓶口不僅成為了進水口，而且以其狹窄的通道形成了一道自動調節的水門，對內江渠形成了很好保護作用。

寶瓶口一帶的岩石渠道，十分堅固，千百年來在岷江激流衝擊下，都沒有被沖毀，有效地控制了岷江水流。清代詩人宋樹森所作〈伏龍觀觀漲〉一詩云：

我聞蜀守鑿離堆，兩崖劈破勢崔巍。
岷江至此畫南北，寶瓶倒瀉數如雷。

李冰修成寶瓶口之後，又開二渠，一渠由永康過新繁入成都，稱為外江，另一渠由永康過郫入成都，稱為內江。這兩條主渠溝通成都平原上零星分布的農田灌溉渠，初步形成了規模巨大的水利工程渠道網。

在以後的幾年裡，李冰又帶領蜀中百姓，在灌縣南面的玉壘山下一帶，修建了分水魚嘴、金剛堤、平水槽等多處水利工程，這些水利工程後來統稱為都江堰。

李冰修築的都江堰水利工程，不僅從根本上治住了水患，還變患為福，灌溉良田萬頃，澤被世世代代的蜀中人們。從此，蜀郡沃野千里，富饒豐足，被稱為「天府之國」。李冰也因此被後人尊稱為「川祖」，受到世代蜀人的愛戴和敬仰。

李冰修建都江堰的水利工程，在世界水利史上也占有光輝一頁。它悠久的歷史

舉世聞名，它設計之完備令人驚嘆。古代興修了許多水利工程，唯獨李冰修建的都江堰經久不衰，一直都在發揮著防洪灌溉和運輸等多種功能。

蜀地人民都把李冰兢兢業業為民造福的精神，作為學習效仿的榜樣。為了頌揚李冰治水的偉大，人們把他英雄事蹟不斷豐富和神化了，以突出了李冰的非凡智慧和神奇才能。於是，在民間就衍生出了許多關於李冰治水的神奇傳說。

相傳李冰來到蜀郡後，發現原來岷江裡面有一個江神，是一條作惡多端的孽龍。祂稍有不高興，就會興風作浪，下起大暴雨，淹沒兩岸莊稼和村莊，禍害百姓。

孽龍要求當地百姓在每年農曆六月二十三日，選出一個漂亮的童女做祂妻子，並且還要家家戶戶集結巨資為祂舉行熱熱鬧鬧的婚禮。許多人家為了躲避江神的迫害，不得不拖兒帶女遠走他鄉。這樣，致使岷江一帶漸漸土地荒蕪，人漸漸也稀少了很多。

李冰到蜀郡上任不久，弄清楚這裡情況後，決定要治一治這條孽龍。眼看一年一度為江神娶妻的日子又到了，那些沒有能力離開的人們又開始籌集錢財選童給江神。這時，李冰說：「今年就不用籌集錢資了，童女就選定我家小女，你們就不要多費心思了。」

人們聽說李冰郡守如此捨己為人，都非常感激，同時也為李冰擔心。他們擔心李冰會出事，再說也不願失去這樣的好郡守，都希望郡守能夠戰勝孽龍，消除禍患。

到了農曆六月二十三日這一天，李冰把自己女兒打扮得漂漂亮亮，一同來到江邊。主祭人登上祭江神壇祭奠完之後，壇下鑼鼓喧天，鐘樂齊鳴。三鼓過後，江面上突然波濤湧起，水柱衝天有十餘丈高，人們說，這就是江神迎接新娘的儀式。

這時候，人們本應把新娘送入水中。可是李冰說：「不用急。這次能與江神結為姻親，真是榮幸萬分，我李冰很想能夠目睹江神的尊顏，還請江神早點現身，不要誤了好時辰。」

說完，李冰親自斟滿一杯酒，走上祭壇舉起奉上。可是過了很久，就是不見江神的影子。李冰見此情景，知道江神在戲弄百姓，不由勃然大怒道：「祢這作惡多端的孽龍，殘害百姓，致使民不聊生，今天我李某為了百姓能夠安居樂業，情願捨命與祢搏鬥，祢就趕快現身吧！」

說著，李冰就提著寶劍，奮身跳入江中。這時，江上的水柱不見了，好像變得風平浪靜的樣子，只是隱隱覺得有些地動山搖的感覺。

過了大約一個時辰，狂風大作，煙塵蔽日，恍恍惚惚之中，人們看到江邊有兩條青黑色的犀牛在拚命地激烈爭鬥，難解難分。不一會，這兩條犀牛便消失了。

在岸邊觀戰的人們正在疑惑時，只見李冰氣喘吁吁地從水中跑上來。他對隨從武士說：「這條孽龍本事很高，尤其是力氣特別大，我跟祂戰了很久也無法取勝。現在上岸來，要求你們助我一臂之力。」

李冰手下武士說：「我們剛才看到兩頭犀牛在河邊搏鬥，知道是您跟孽龍在激戰，但只是兩頭犀牛一模一樣，我們也分不清哪一頭是您變的，也就不好來助戰。」

於是，李冰就把一條雪白的綬帶纏在腰間，對武士說：「現在我腰間繫有白色絲帶，這樣我再去跟祂爭鬥時，那頭腰間是白色的犀牛就是我變的，你們記住這點就行了。」

說罷，李冰又跳到水裡與孽龍戰鬥起來。當兩頭犀牛再出現時，李冰手下武士就一個個手執兵器，紛紛擁上前去，幫著李冰一同戰鬥。這些武士拿起手裡武器對著那頭身上沒有白色絲帶的犀牛一陣奮力砍殺，最終把那頭孽龍變成的犀牛殺翻在地。

孽龍倒在地上後，很快顯出了原形。李冰趕緊吩咐人們將早已準備好的粗大鐵鏈，嚴嚴實實地把孽龍捆縛起來，牢牢鎖在江中一個深水潭中。

在民間傳說中，神話人物二郎神的原型就是李冰之子，古代雜著集《太平廣記》中有二郎神的傳記。宋代著名詩人范成大稱李冰擒住孽龍鎮於伏龍觀。

後代人們為了進一步紀念李冰，就在他降伏孽龍的地方建了一座觀，取名為伏龍觀。進了觀，抬眼便見一尊李冰石像，它氣宇軒昂，鬚髮微微飄動，深邃的目光中透出一種非凡大志和氣魄，讓人們不得不為之震撼！

關於李冰治水傳說，東漢以後不斷有所增加，北宋開始流傳李冰之子李二郎協助治水等神話。後來在每年清明時節，當地人們都會在二王廟舉行祭祀活動和開水典禮。

李冰治水的故事被人們神化，反映了了人們對為民辦事的治水英雄李冰的崇敬之情，也表現了人們心目中偉大英雄的形象和精神。李冰的治水故事。一直激勵著後人與自然災害進行頑強鬥爭的英雄氣概。

【旁注】

▼**秦昭王**：西元前三二五至前二五一年，嬴姓，趙氏，名則，一名稷。戰國時期秦國國君。秦昭王在政治軍事諸方面都建立了卓越的功勛，特別是軍事方面的成就，為秦國的發展做出極為傑出的歷史貢獻，秦昭王時期是秦國發展史上最重要的決勝時期。

▼《**元和郡縣圖志**》：唐憲宗間的地理總志。保存了大量豐富的歷史資料，對全國各地的地理沿革、山川、物產，都有一個簡要的敘述。在編寫體例方面，對宋代樂史的《太平寰宇記》，元明清各代的《一統志》都有很大影響。

▼**郡守**：古代的官名，郡的行政長官，始置於戰國。戰國各國在邊地設郡，派官防守，官名為「守」。本是武職，後漸成為地方行政長官。秦統一後，實行郡、縣兩級地方行政區劃制度，每郡置守，治理民政。後世唯北周稱郡守，余均以太守為正式官名，郡守為習稱。明清則專稱知府。

▼《**太平廣記**》：宋代人編的一部大書。全書五百卷，目錄十卷，取材於漢代至宋初的野史小說及釋藏、道經等和以小說家為主的雜著，屬於類書。對於後世文

學的影響很大。宋代以後，唐人小說單行本已逐漸散失，話本、雜劇、諸宮調等多從《太平廣記》一書中選取題材、轉引故事，加以敷演。

【閱讀連結】

李冰在世時就考慮到了事業的承續，他命令自己兒子做了三個石人，鎮於江間，測量水位。李冰逝世四百年後，三個石人已經損缺，漢代水官便重造高及三公尺的「三神石人」測量水位。這「三神石人」其中一尊即是李冰雕像。

漢代這位水官很了解李冰在民間的地位，就雕出李冰石像放在江中鎮水測量。他也懂得李冰的心意，唯有那裡才是李冰最合適的地方。水官的做法，說明都江堰一直就流淌著一種獨特的李冰精神。

諸葛亮助劉備傳為神人

諸葛亮於西元一八一年出生在琅琊郡陽都縣的一個官吏之家，諸葛氏是琅琊的望族，先祖諸葛豐在西漢元帝時做過司隸校尉，諸葛亮父親諸葛圭在東漢末年做過

泰山郡丞。

諸葛亮八歲喪父，他與弟弟諸葛均一起跟隨叔父諸葛玄，當時諸葛玄被袁術任命為豫章太守。後來，東漢朝廷派朱皓取代了諸葛玄，諸葛玄就投奔荊州牧的劉表了。

諸葛亮少年時代，曾經從學於水鏡先生司馬徽。諸葛亮學習刻苦，勤於用腦，不但司馬德操賞識他，連司馬的妻子也很器重他，都喜歡這個勤奮好學，善於動腦的少年。

諸葛亮天資聰穎，司馬先生講的東西，他一聽便會，求知若飢。為了學到更多的東西，他想讓先生把講課的時間延長一些，但先生總是以雞鳴叫為準，於是諸葛亮想：若把公雞鳴叫的時間延長，先生講課的時間也就延長了。

那時還沒有鐘錶，記時用日晷，遇到陰雨天沒有太陽，時間就不好掌握了。為了記時，司馬徽訓練公雞按時鳴叫，辦法就是定時餵食。於是，諸葛亮上學時就帶些糧食裝在口袋裡，在雞快叫的時候，就餵牠一點糧食，雞一吃飽就不叫了。

過了好久，司馬先生感到奇怪，為什麼雞不按時叫了呢？經過細心觀察，發現諸葛亮在雞快叫時餵食雞。司馬先生在上課時，就問學生，雞為什麼不按時鳴叫？其他學生都摸不著頭腦。諸葛亮心裡明白，可他是個誠實的人，就如實地報告了司馬先生。

司馬先生很生氣，當場就把他的書燒了，不讓他繼續讀書了。諸葛亮求學心切，不能讀書怎麼得了，便去求司馬夫人。司馬夫人聽了諸葛亮餵雞求學遭罰之事，深表同情，就向司馬先生說情。

司馬先生說：「小小年紀，不在功課上下功夫，倒使心術欺矇老師。這是心術不正，此人不可大就。」

司馬夫人反覆替諸葛亮說情，說他年紀小，雖使了點心眼，但總是為了多學點東西，並沒有他圖。

司馬先生聽後覺得有理，便同意諸葛亮繼續讀書。司馬先生盛怒之下燒了諸葛亮的書，後經夫人勸解，又同意諸葛亮繼續讀書。

可沒有書怎麼讀呢？夫人對司馬先生說：「你有一個千年神龜背殼，傳說披在身上，能使人上知千年往事，下曉五百年未來，不妨讓諸葛亮一試，如果靈驗，要書做什麼？」司馬先生想到書已經燒了，也只好按夫人說的辦。

諸葛亮將師母送的神龜背殼往身上一披，即成了他的終身服飾八卦衣，昔日所學，歷歷在目，先生未講之道，也能明白幾分。

諸葛亮從十六歲開始讀〈梁父吟〉，後來，他常以春秋戰國時期齊國的著名政治家管仲和戰國後期傑出軍事家樂毅比擬自己，當時的人對他都是不屑一顧，只有好友徐庶等名士相信他的才幹。

劉備依附於劉表時，屯兵於新野，諸葛亮的老師司馬徽與劉備會面時表示：「那些儒生都是見識淺陋的人，豈會了解當世的事務局勢？能了解當世的事務局勢才是俊傑。此時只有臥龍、鳳雛。」臥龍指的是諸葛亮，鳳雛指的是當時的另一個名士龐統。

後來，諸葛亮被徐庶推薦到劉備那裡，劉備希望徐庶引諸葛亮來見，但徐庶卻建議：「這人可以去見，但不可以令他屈就到此。將軍宜屈尊相訪。」

劉備幾經周折，最後終於見到諸葛亮，向諸葛亮請教天下大勢。諸葛亮陳說三分天下之計，劉備聽後大讚，便力邀諸葛亮相助。從此，諸葛亮開始了他傳奇而精彩的一生。

諸葛亮身為蜀國的丞相，盡忠效力。他處理事務簡練實際，能從根本上解決問題，不計較虛名而重視實際。使得蜀國上下的人都害怕卻敬仰他。可以說他是治理國家的優秀人才，其才能的確可以與管仲和「漢初三傑」之一的蕭何相媲美。

諸葛亮在漢中期間，利用漢中的經濟條件，因地制宜地採取了一系列發展生產的得力措施，保障了劉備北伐軍的物資供應。漢中當地人們生活好了，也招來了更多的人口，使地廣人稀的漢中重新得到了發展，逐步達到人多、糧多的良性循環，使百姓安居樂業。

諸葛亮在四川地區深得民心，關於他的故事一直是民間茶餘飯後相傳的首選。在那裡就有很多地方的居民保留著頭戴白布的習慣，據說就是為諸葛亮戴孝而形成的，後來歷經一千多年之久。

諸葛亮身為著名軍事家，得到了歷代兵家的認可。三國時期魏國傑出政治家、軍事家司馬懿在諸葛亮死後，看到諸葛亮布置的營壘，稱讚其為「天下奇才」。三國西晉時期著名史學家陳壽在斷代史《三國志》中對諸葛亮的評價是「史官鮮克知兵，不能紀其實跡焉」。

唐太宗李世民與隋末唐初著名將領李靖在《唐太宗李衛公問對》中，多次提到諸葛亮的治軍之法與八陣圖，並給予了極高的評價。唐時也將諸葛亮評選為武廟十哲之一，與秦末漢初謀士、大臣張良，歷史上傑出的軍事家韓信，戰國時期秦國名將白起等九位歷代兵家尊享同等地位。

諸葛亮也寫了諸多軍事著述，如《南征》、《北伐》、《北出》等，對軍事理論具有一定貢獻。除此之外，他在技術發明上也有靈巧的表現，如改良過連弩等。

在宋代高承編撰的《事物紀原》中，記載諸葛亮南征班師時正遇風起，無法渡河，西南少數民族首領孟獲說這是猖神作怪，只要用人頭和牲畜祭祀，便會風平浪靜。但諸葛亮覺得用人頭太殘忍了，於是就用麵粉搓成人頭狀，混上牛、羊等肉去替代，名為饅頭。

相傳諸葛亮擔任軍師中郎將時，為解決糧食問題，向百姓詢問了當時名為「蔓菁」的野菜的種植方法，並下令士兵開始種蔓菁，補充軍糧，後世便把這菜稱為諸葛菜。

諸葛亮身為「智者」、「勤政者」的典範形象扎根於人們心裡，人們透過各種形式來研究他、歌頌他、崇拜他。歷代圍繞諸葛亮展開的政治、軍事、文化思想方面的研究及以其故事為題材的文藝創作、民間傳說，形成了一筆豐厚的精神財富，無不折射出傳統文化的理念、價值觀。

唐代大詩人杜甫寫過一首讚譽諸葛亮的詩作〈蜀相〉，其中的後兩句這樣寫道：

三顧頻煩天下計，兩朝開濟老臣心。
出師未捷身先死，長使英雄淚滿襟。

詩句歌頌了諸葛亮集智、勇、忠誠等封建美德。

元末明初小說家羅貫中所著的《三國演義》中，把諸葛亮描寫成未卜先知的預言家，奇謀巧計的策略家，口若懸河的外交家，高瞻遠矚的政治家，神出鬼沒的策略家，而且還是位呼風喚雨、腳踏七星的方士和超能力的奇人。

這些民間傳說，都是透過諸葛亮這個人物，反映出在生產力落後的封建時代，人們與惡劣的大自然搏鬥，與險惡的政治環境抗爭並取得勝利的一種希冀，以至於使諸葛亮成為人們心目中現實主義與浪漫主義完美結合的化身。以諸葛亮為題材的文化現象還在不斷發展、光大，扎根於群眾，流傳於四方，具有旺盛的生命力。

【旁注】

▼ **郡丞**：古代官名。郡守的佐官。秦置。漢時郡守下設丞及長史，郡丞為太守的佐官，都尉下亦設丞，歷代設置。南北朝時各郡也都設丞。隋文廢郡級行政區

劃，郡丞隨之而廢。唐時改郡守為州刺史，下設別駕、長史等官，不設丞。宋亦不設丞，明清相沿。

▼**《唐太宗李衛公問對》**：即《唐李問對》，一作《李衛公問對》，全書因以李世民與李靖一問一答的形式寫成而得名。《唐李問對》是一部頗有價值的兵書。它提出了一些新的創見，發展了前人的一些光輝思想，這是這部著作的主要方面。

▼**軍師中郎將**：由劉備首創，不過之前曹操曾首先設置軍師祭酒的職位，兩相對比，應該是軍事祭酒是作戰參謀，而軍師中郎將是參謀長，有兵權。後來蜀漢設置了多位軍師，例如楊儀、費禕曾任。

▼**司馬徽**：（西元？至二〇八年），字德操，號水鏡先生，潁川陽翟人，即現在的河南禹州。是東漢末年著名隱士，諸葛亮的啟蒙老師。與襄陽大名士龐德公、黃承彥及流寓襄陽的徐庶、石廣元等關係甚密。以有知人之明著稱於世，曾向劉備推薦諸葛亮、龐統二人。

▼**《三國演義》**：全名《三國志通俗演義》，元末明初小說家羅貫中所著，為中國第一部長篇章回體歷史演義的小說，中國古典「四大名著」之一，歷史演義小

說的經典之作。《三國演義》的出現，代表著古代小說從「話本」階段向長篇章回體過渡的完成，揭開了中國小說發展歷史嶄新的一頁。

【閱讀連結】

民間傳說在諸葛亮死前，估算出司馬懿要來挖他的墳，就布置在定軍山上修了三十六座墳墓，使司馬懿摸不清底細。

司馬懿親自指揮挖墳，挖第一座墳，見墳裡有一部裝套子的書籍。他親自彎腰去撿，當即感到自己像被什麼東西緊緊吸住了，不由自主地跪了下去。實際是拜臺下的磁鐵吸住了他身上的鎧甲，使他不得不在諸葛亮的墳前下跪。司馬懿以為是克敵制勝的兵書，就很想看。他打開封套，把書攤在左手上，習慣地用舌頭舔右手食指去翻書，整本書上只寫了「生前不能擒司馬，死後司馬被我擒」兩句話，氣得他再也爬不起來了。

忠孝節義的關羽奉為神

那是在三國時期，關羽因犯事逃離家鄉至幽州涿郡，在涿郡遇到了張飛，後來兩人一同擔任劉備的貼身衛士。三人志氣相投，在桃園結義。從此，關羽開始了他的戎馬生涯。

關羽追隨劉備，陣斬顏良，鎮守荊州，威震華夏，為劉備復興漢室的大業立下了赫赫戰功。

歷史上沒有常勝將軍。西元二一九年，關羽敗走麥城，被吳將潘璋部司馬馬忠擒獲，縛見東吳孫權。孫權招降關羽，關羽寧死不屈，慷慨就義，死時年五十八。蜀漢政權在成都為關羽建衣冠塚，即是成都關羽墓，以招魂祭祀。

關羽故鄉山西運城解州後來則建立了關帝廟，是為解州關帝廟，被認為是關羽魂魄歸返之處。因此民間也稱關羽「頭枕洛陽，身臥當陽，魂歸故里」。

關羽集忠孝節義於一身，在人們心目中的地位是很高的，他勇猛、講義氣、忠心不二的形象已經是不可改變的了，早已具備了被神化的條件。

歷代治國者都需要這樣的典型人物來作為維護其政權的守護神，因而渲染其忠、義、勇、武的品格操守，希望有更多的文臣武將能像關羽那樣盡忠義於君王，獻勇武於社稷。

西元五六七年，南北朝時期，當陽縣玉泉山首建關公廟，開啟了民間對關公的信仰的先河，這不僅是政府對關公褒揚喝采的產物，更是普通人們精神生活的需求。治國者從道德的角度大肆宣揚關公的忠孝節義，使關公信仰在不太長的歷史時間裡蓬勃發展。

到了唐代，關公廟增加，文人墨客的詩文或碑帖中常提及關公，並開始在家中懸掛關公神像。到了清代，皇帝認為自己能入主中原是得到了關公的神佑，所以，順治皇帝特封關羽為「忠義神武靈佑仁勇威顯護國保民精誠綏靖翊贊宣德關聖大帝」。後來有些地方還將關羽與南宋最傑出的統帥岳飛合祀於武廟。

在民間，關於關羽的傳說故事也非常多。故事的內容相當廣泛，從其降生出世、姓名由來、主要活動，以及死後靈魂顯聖等無所不有。黎民百姓是把關羽作為神聖帝君來敬仰崇拜的，故而這些傳說故事大都帶有濃厚的神話傳奇色彩。

民間相傳，關羽為火龍星降生。天上的火龍星是一位善良正直的天神。

有一次，玉皇大帝命火龍星到凡間放火燒毀萬戶村，他見那裡的百姓樸實忠

厚，辛勤耕耘，一連三次都不忍心放火，最後只燒了村裡一戶作惡多端的財主回去交差。玉皇大帝見火龍星屢屢違抗天命，欺騙上天，敕令冥王星將其捉拿歸案問斬。

火龍星在臨赴刑場時托夢給他的棋場老友仙山寺主持老僧，囑請其在六月十七日午時用銅盆接住從天庭斷頭臺滴下的血水，密封存放七天七夜，只有這樣，他才可以轉世凡間為人。

老僧同情朋友的不平遭遇，就遵囑而行，把接得的血水用寺內一口大鐘嚴實地蓋了起來。轉眼六天過去了，寺內的幾個小和尚等待不及，趁主持不在時抬開大鐘，看到盆內血水已凝結成一個血球，有碗口般大小。

小和尚們正在驚奇之時，突然一團紅雲衝起，血球變成了一個小兒。因為還差一天不到期限，血球的血氣尚未消完，故而孩子臉色赤紅，如同重棗，這個孩子就是日後的關羽。

後來，人們將關羽的赤兔馬也賦予了傳奇的色彩。說是當初關羽受命率部去當陽長坂救援又一次被曹軍圍困的劉備，時值酷暑，士兵們口渴難忍，附近又找不到水源。

關羽見狀甚為著急，不住地揮鞭興嘆。赤兔馬心領神會，咆哮著用前蹄刨地，把泉水刨了出來。眾將士飲後精神大振，一舉擊敗曹軍救出了劉備。清道光年間，還在泉口邊建有一塊石碑，上刻「馬刨泉碑記」。

民間傳說也賦予了關羽那把青龍偃月刀傳奇的色彩。據說當初關羽在八嶺山手舞大刀演武，奮起神威，一刀向這個大山丘劈去，竟把這個大山丘的「頭顱」劈掉了，於是從此成了平頭塚。

關羽在其近六十年的一生中，策馬橫刀，馳騁疆場，征戰群雄，輔佐劉備完成鼎立三分大業，譜寫出一曲令人感慨萬端的人生壯歌。關羽那充滿英雄傳奇的一生，被後人推舉為「忠」、「信」、「義」、「勇」集於一身的道德楷模，並成了古代社會後期上至帝王將相，下至士農工商廣泛頂禮膜拜的神聖偶像。

關帝的信仰涉及到生活中的各行各業。有人說，南北朝至唐代是關帝信仰的形成期，宋元是發展期，明代是盛行期，清代是鼎盛期。其影響可與孔子相比，毫不遜色。明代大文豪徐渭在〈蜀漢關侯祠記〉之中說：

「蜀漢前將軍關侯之神，與吾孔子之道並行於天下。然祠孔子者郡縣而已，而侯則居九州之廣，上自都城，下至墟落，雖煙火數家，亦靡不醵金構祠，肖像以臨球馬弓刀，窮其力之所辦。而其醵也，雖婦女兒童，有歡忻踴躍，唯恐或後。以比

於此事孔子者殆若過之。噫，亦盛矣！」

全國關帝廟多如牛毛，何止萬千，清乾隆時期僅北京就有兩百多座。在民間，關公是位武財神，是保護商賈之神。又說關帝廟裡抽的簽最準、最靈驗，不少文人吟詩推波助瀾。

同時，崇拜關財神的人越來越多。供神的場所除了道教宮觀，還有佛教場所，商業場所乃至家中都可以看到各式各樣的關公神像。據說臺灣有一百六十餘座關帝廟。新竹後山普天宮的關羽神像連同臺座高達四五十公尺。海外有華僑的地方大多供有關帝，他是義氣的象徵，更是保護神和財神。

【旁注】

▼**司馬懿**：（西元一七九至二五一年），字仲達，河內郡溫縣孝敬里人。三國時期魏國傑出的政治家、軍事家，西晉王朝的奠基人。是輔佐了魏國四代的託孤輔政之重臣，後期成為掌控魏國朝政的權臣。善謀奇策，多次征伐有功，謚號「宣文」，次子司馬昭封晉王後，追封司馬懿為宣王，司馬炎稱帝後，追尊司馬懿為宣皇帝。

▼**呂蒙**：（西元一七八至二一九年），字子明，東漢末年名將，汝南富陂人。少年時依附姊夫鄧當，隨孫策為將。以膽氣稱，累封別部司馬。呂蒙發憤勤學的事蹟，成為了古代將領勤補拙、篤志力學的代表，有「士別三日」、「刮目相待」、「吳下阿蒙」等相關成語留世。

▼**關平**：（西元一七八至二二〇年），蜀漢名將關羽之子，東吳趁關羽攻樊城時，突然背棄吳蜀同盟，偷襲荊州，關平與其父關羽一同被擒，最後被斬於臨沮縣。關平的形象在後世由於民間對關羽的崇拜而漸漸豐滿起來，很多地方的關帝廟在供奉關羽的同時也供奉關平、周倉兩員大將。此外，民間通常認為他是關羽收養的義子而非親子。

▼**碑帖**：過去俗稱「黑老虎」，它既是一種有文化歷史內涵，又有藝術品味和工藝加工三者相結合的藝術品。前人為了記述前朝重要事清和隆重慶典等，把文學形式和書法家的手跡經過名匠刻手，刻鑿在懸崖和石碑上，因此碑石就有多重性的藝術內容，還經過裝裱成軸或冊頁，這樣就成了碑帖。

▼**順治**：（西元一六三八至一六六一年），清世祖愛新覺羅．福臨，清入關後的第一位皇帝，謚號為體天隆運定統建極英睿欽文顯武大德弘功至仁純孝章皇

帝，廟號世祖。順治整頓吏治，注重農業生產，提倡節約，減免苛捐雜稅，廣開言路，網羅人才，在各方面取得了很大成就。他初創了清王朝走向強盛的新局面，為「康乾盛世」打下了基礎。

▼**赤兔馬**：本名「赤菟」，即紅色的像老虎一樣的烈馬，據說為汗血寶馬。赤兔馬一直是好馬的代表，所謂「人中呂布，馬中赤兔」。《三國演義》記載，赤兔馬最早為西涼刺史董卓的坐騎，後被董卓用來收買丁原的義子呂布。呂布死後，赤兔馬被曹操賞賜關羽；關羽被殺後，赤兔馬思念舊主，絕食而死。

▼**徐渭**：（西元一五二一至一五九三年），紹興府山陰人。初字文清，後改字文長，號天池山人，或署田水月、田丹水，青藤老人、青藤道人、青藤居士、天池漁隱、金壘、金回山人、山陰布衣、白鷴山人、鵝鼻山儂等別號。明代文學家、書畫家、軍事家。民間也普遍流傳他的故事傳說。

【閱讀連結】

西元二一五年，劉備取益州，孫權令諸葛瑾找劉備索要荊州不成，雙方劍拔弩張，孫劉聯盟面臨破裂。在這緊要關頭，魯肅為了維護孫劉聯盟，不給曹操可乘之機，決定當面和關羽商談。「肅邀羽相見，各駐兵馬百步上，但諸將軍單刀俱會」。雙方經過會談，緩和了緊張局勢。隨後，孫權與劉備商定平分荊州，「割湘水為界，於是罷軍」，孫劉聯盟因此能繼續維持。

這次「單刀會」，後經戲劇家、小說家的渲染，關羽成了英雄，魯肅反成了鼠目寸光、骨軟膽怯的侏儒。

狄仁傑從名臣變神探

那是在唐代的貞觀之初，在唐太宗李世民的帶領下，君臣上下一心，經濟很快得到了好轉，很快便牛馬遍野，百姓豐衣足食，夜不閉戶，道不拾遺，出現了一片欣欣向榮的昇平景象。

唐太宗十分注重人才的選拔，嚴格遵循德才兼備的原則，認為只有選用大批具有真才實學的人，才能達到天下大治。唐太宗求賢若渴，曾先後五次頒布求賢詔令，並增加科舉考試的科目，擴大應試的範圍和人數，以便使更多的人才顯露出來。

由於唐太宗重視人才，貞觀年間湧現出了大量的優秀人才，可謂是「人才濟濟，文武兼備」。正是這些棟梁之才，用他們的聰明才智，為「貞觀之治」局面的形成做出了巨大的貢獻。狄仁傑就是其中之一。

狄仁傑出生在并州的一個官宦之家，他從小就熟讀經書，二十六歲時就通過明經考試，被舉薦調任為汴州參軍。不久，他不知何故被人誣告。恰巧閻立本當時是奉旨在汴州巡察的「欽差大臣」，閻立本受理此案後，他不僅弄清了真相，還發現狄仁傑是一個德才兼備的不可多得的人物，稱之為「君可謂滄海之遺珠矣」。因此，將其推薦為并州法曹參軍。

狄仁傑在并州主持判案工作將近二十年後，於西元六七五年奉旨入京，當上了大理丞。大理丞既要負責京師案件的審判，也要覆核全國各地的判案，官不大，責任大。在一年之內，狄仁傑就清理了全部積案，涉案人員達一萬七千多人，事後竟沒有一個人喊冤，這事在當時就被傳為佳話，時稱其為「平恕」。

狄仁傑理案神速，判處公平，佳評如潮，政績顯著，不久，被唐高宗擢拔為「侍御史」。別看侍御史品級不高，卻是監察官員的官，且對日後的仕途有很大幫助，因為它的升遷要比其他機構快。此次擢拔，足見唐高宗對狄仁傑的重視。

侍御史是御史臺官員，屬於監察系統。此官和大理丞一樣，也是從六品。侍御史除了監察官員外，也負責審訊案件。不過，審訊的對象不是百姓，而是官員。在任職期間，狄仁傑不留情面地彈劾了唐高宗的兩位寵臣加權臣。

一位是司農卿韋弘機，此人為高宗修了很多特別寬敞豪華的宮殿。狄仁傑上奏章彈劾他引導皇帝追求奢侈，韋弘機因此被免職。

還有一位是左司郎中王本立，因其受寵，便恃恩用事，也被狄仁傑揭露彈劾。對皇帝的說情，狄仁傑一點也不買帳，最終將王本立拉下了馬，「朝廷肅然」。

這一時期的狄仁傑，給世人的印象是能力超強，判案如神且鐵面無私，在民間逐漸被傳說成了「神探」。

據傳說，狄仁傑在御史任上，曾審理過一個發生在江夏的奇案。說巡按御史狄仁傑到江夏時，正好碰到衙門血案交接審理。滕縣令見狄御史後，就請他代理自己審理夫人被殺一案。其案情是：江夏縣令滕侃夫人的胸口插著自己的雕花匕首，離奇慘死在床。

狄仁傑接案以後，立刻到滕夫人墓地祭奠。在墓地，他彷彿看到了滕夫人死時的慘狀。諸多疑點，讓他覺得案情複雜，決定先和縣令談談關於夫人的情況。

在縣令的書房內，江夏縣令滕侃向狄仁傑講述了自己書房內四扇漆屏的故事。

第一扇是一位書生夢見四位仙女，他想娶其中最美麗的一位為妻。第二扇是書生赴京趕考。第三扇是書生考中進士，衣錦榮歸，路過一座閣樓，樓上小姐與他夢中的美麗仙女一模一樣，後來他們成了親。第四扇是洞房花燭。這四漆屏就是縣令生活的寫照。後來，這第四扇漆屏被修改了，書生手中的筆換成了一把匕首，直插夫人的前胸。

滕侃解釋說，他患有一種癲狂症，第四扇是他發病時親手修改的，他極害怕這一切成為現實，但最終還是在他發病時出現了「衙內血案」。

狄仁傑圍繞疑點展開調查。他首先查清，縣令所說全是謊言，是在為自己開脫，因為他知道，根據唐代法律，精神病者殺人不償命。後來，終於慢慢查出了真凶是孔三貓。

孔三貓見事情即將敗露，就前來行刺，結果被擒獲。在大堂上，他招供了犯罪的全部經過。

原來，孔三貓一天夜裡去縣衙行竊，先吹迷魂藥迷倒夫人和丫鬟，在偷竊時又想強姦夫人，夫人反抗，孔三貓就抓起床頭匕首刺死夫人後逃逸。此時，縣令酒後回房，聞到迷魂藥而暈倒。醒後見夫人被殺，就誤以為是自己酒後所為，便向狄仁傑編造了「四漆屏」的故事。

清初時，有人根據民間形形色色的狄仁傑探案故事，整理編撰成了《武則天四大奇案》，並很快就風行於世。但是書中有一些歷史事件和人物和很多狄仁傑破案的故事，都是透過藝術手法加工出來的。後來出現的高羅佩的《狄公案》（*Rechter Tie*）一書，可謂集狄仁傑破案智慧於大成之作。

一九四三年，荷蘭漢學家、東方學家、外交家、翻譯家、小說家羅伯特·漢斯·古利克初到重慶時，就被神奇美妙的中華文化所吸引。安頓下來之後，他開始細心研究中華文化的精髓，並為自己起了個中文名字，叫高羅佩。

在重慶時，高羅佩讀到一本清初公案小說《武則天四大奇案》，他對清人公案小說《武則天四大奇案》中主角狄仁傑屢破奇案大為折服。他對西方偵探小說和東方公案傳奇做了深入的研究和比較後，了解書中所描寫的古代法官的刑事偵訊本領，無論在運用邏輯推理的方法、偵破奇案的能力方面，還是在犯罪心理學的素養方面，比起福爾摩斯、格雷警長等現代西洋大偵探，均有過之而無不及。

高羅佩先是將《武則天四大奇案》譯為英文，又以狄仁傑為主角用英語創作了

《銅鐘案》（*The Chinese Bell Murders*）。他原本準備出版《銅鐘案》的中文版，但由於出版商尚未意識到該作品的巨大價值，表現並不積極，高羅佩只好先出版英文版。

英文版的《銅鐘案》出版後大獲成功，一發不可收拾。經出版商的再三催促，高羅佩一鼓作氣在又陸續創作了《迷宮案》（*The Chinese Maze Murders*）、《黃金案》（*The Chinese Gold Murders*）、《鐵釘案》（*The Chinese Nail Murders*）、《四漆屏》（*The Lacquer Screen*）、《湖濱案》（*The Chinese Lake Murders*）等十幾部中短篇小說。這些作品最終構成了高羅佩的「狄仁傑系列大全」，即《狄公斷案大觀》，後來叫《大唐狄公案》、《狄公案》。

《狄公案》內容十分廣泛，涉及唐代的司法、政治、行政、吏治、外交、軍事、工商、教育、文化、宗教、民情、社會生活等各個方面。全書均以仿宋元話本體裁寫成，這在世界漢學著作中是獨一無二的。

高羅佩對中華文化、藝術、法律及社會歷史等方面的淵博知識在《狄公案》中得到了充分的展現，發揮得淋漓盡致。

書中在敘述狄仁傑於不同時期、不同地區任職偵破疑難大案的同時，還廣泛展開對中國古代社會生活、民情風習的深入描繪。歌頌了狄仁傑的為民做主和縝密思維，宣告了邪惡勢力的最終潰滅並受到法律制裁。

高羅佩的貢獻在於他以自身的創作實踐，完成了從公案小說到偵探小說的變革。

《狄公案》在當時的社會中引起了巨大的轟動，並被譯成多種外文出版，狄仁傑開始成為西方喻戶曉的人物，並被洋人譽為「中國的福爾摩斯」。

狄仁傑生活在上承「貞觀之治」，下啟「開元盛世」的武則天時期。身為一個傑出的政治家，狄仁傑每任一職，都心繫民生，政績卓著。在他身居宰相之位後，輔國安邦，對武則天弊政多作匡正。

狄仁傑為人正直，疾惡如仇，把「孝、忠、廉」稱之為大義。而民間盛行的狄仁傑傳說，也充分證實了人們渴望政治清明，渴望清官，和對社會公正的企盼。

【旁注】

▼**詔令**：以皇帝名義發布的公文的統稱，民間則一般稱為「聖旨」。大體上可分兩大類，一是發布重大制度、典禮、封賞的文書，另一類是日常政務活動的文書。概括起來有制、詔、誥、敕、旨、冊、諭、令、檄等。

▼**明經**：漢代出現之選舉官員的科目，始於漢武帝時期，至宋神宗時期廢除。被推舉者須明習經學，故以「明經」為名。明經由郡國或公卿推舉，被舉出後須透過射策以確定等第而得官。漢代設置這一科，為儒生進入仕途提供了管道。

▼**大理丞**：古代官名。晉武帝時始為廷尉置丞，南朝沿置，北魏亦置，北齊以大理寺為署名，遂稱大理丞。原只有一人，隋初為兩人，隋煬帝改為勾檢官，增至六人，分判獄事。唐又為大理丞，秩從六品上。丞一般為主官副職之稱，大理寺的主官為大理寺卿，其次才是大理寺少卿、大理寺寺正、大理寺丞，丞之職在正刑之輕重。

▼**御史**：史是古代一種官名。先秦時期，天子、諸侯、大夫、邑宰皆置，是負責記錄的史官、祕書官。國君置御史，自秦朝開始，御史專門為監察性質的官職，一直延續到清朝。

▼**公案小說**：古典小說的一種，由宋話本公案類演義而成，盛行於明清時期。最著名的具有代表性的公案小說是清代《三俠五義》。先秦兩漢法律文獻中的案例與史書中的清官循吏的傳記，是公案小說的先導，或者說是它的醞釀期。

▼**《銅鐘案》**：以唐代宰相狄仁傑為主角，描述狄公在州、縣及京都為官斷案，為

民除害的傳奇經歷。故事紛紜，案情凶險，情節扣人心弦，謎底逼人追索。作者筆下的狄公有獨到的辦案風格：重效率而輕縟節，講操守而又善變通，重調查推理，而不主觀妄斷。

【閱讀連結】

狄仁傑可貴之處還在於敢犯顏直諫。唐高宗儀鳳年間，左威衛大將軍權善才、右監門中郎將范懷義，誤砍了唐太宗李世民的陵墓昭陵的一株柏樹，唐高宗大怒，命令將二人處死。

狄仁傑卻上奏為二人辯護，認為他們按律罪不當死。高宗聲色俱厲地說：「他們置我於不孝之地，必須處死。」狄仁傑卻神色自若地申訴：「犯不至死而致之死，何哉？今誤伐一柏，殺二臣，後世謂陛下為何如主？」唐高宗冷靜下來後，覺得狄仁傑說得有理，二人遂被免死。

斷案如神的清官包拯

包拯是北宋時期頗有名望的官吏，曾奉調入京任開封府尹。在當時，平民告狀都得先透過門牌司才能上交案件，時常被小吏訛詐。包拯一上任就改革訴訟制度，裁撤了門牌司。

包拯任開封府尹期間，惠民河水位上漲，淹了南半城。包拯一經調查得知，河道屢疏不通的原因是達官貴人在河兩岸占地修豪宅，還堵水築起了私家園林。隨後，包拯立即下令將這些花園全部拆毀，泄出水勢。這一舉動使他威名大震。

包拯處理案件公道正派，執法嚴峻，對各種階層一視同仁，他不苟言笑，一臉嚴肅，因而得來了「包大人笑比黃河清」的民間評價。在百姓們看來，要看包公笑，簡直要比黃河水變清還要難。

在開封府任期，包拯不僅斷案英明，而且還是一個實幹家。不到兩年，他就被任命為三司使，負責全國經濟工作，展現出了經濟改革的天賦。比如，他改「科率」為「和市」，還免除部分地區「折變」，即廢除農民將糧食變成現錢納稅的規定等措施。開展經濟工作卓有成效，兩年後，包拯被提拔為樞密副使。

這時的包拯已經是風燭殘年。宋仁宗時期相對和平，所以樞密副使這個職務也許是皇帝對包拯忠心耿耿一生的一種榮譽的回報。

在樞密副使任上一年後，包拯病逝，首都開封的老百姓莫不悲痛，皇帝親自到包家弔唁，並宣布停朝一天以示哀悼。當宋仁宗看到包家如此儉樸，又聽聞他「居家儉約，衣服器用飲食如初宦時」，大為感慨。

包拯純樸平實，剛直不阿，疾惡如仇，愛民如子，不苟言笑，是中國歷史上無人企及的崇高與正義的化身，是一個至忠至正、至剛至純的清官代表與忠臣樣本，一個被歷朝官方推向神壇，又被歷代老百姓奉為神明的「包青天」。因此，在民間衍生出了很多關於他的傳說。民間相傳，有一次包拯巡按到壽州暗訪查案。他到了才知道這裡的縣官不在城裡。有人告訴他說：「龐國舅為皇上採辦銀魚，船隻在瓦埠湖上受阻，縣官帶著衙役去抓民夫，拉國舅的貢船去了。」

於是，包拯帶著幾個隨從直奔瓦埠湖。他們剛到瓦埠湖邊，就被縣官抓住了。縣官不容分說，就把船繩套在他們身上，讓他們拉。

後來，船在一個集鎮邊靠岸了，包拯看見龐氏父子帶著爪牙上岸去了，就一艘船一艘船地查看。

包拯發現在龐氏父子曾坐過的船上坐著一個少婦，姿色出眾，可是滿眼淚水，十分傷心，就問道：「夫人，妳是龐家何人？有什麼傷心事？」

那婦女說道：「妾乃李秀才之妻。我丈夫最近中舉，我與丈夫回家祭祖，叫龐子瞧見，把我搶到船上，我夫告到知縣那裡，知縣不但不理，反把我夫交給他們。結果他們把我夫剁成肉泥，每天灑一點到湖裡餵魚，慘啊！」說完放聲大哭。

包拯聽了，氣憤異常，但他不動聲色地說：「夫人，聽說開封府包大人鐵面無私，妳給我個憑證，我替妳告狀去！」

婦女一聽，忙站起來，從口袋裡掏出一張狀紙，包了些船頭筐子裡的肉泥，又從身上拿了一條羅帕包著遞給包公，說：「大哥，謝謝你！我這一生無法報答，來生當牛做馬再報答！」

包拯收下那包，悄悄地轉交給他的護衛馬漢，說：「快回壽州城，宣布巡按大人到！」馬漢接受了使命，悄悄地走了。

包拯船到壽縣，要知縣趕快迎接巡按包大人。知縣連滾帶爬地從船上下來，跪「肅靜」、「迴避」兩面大牌前面。

龐國舅從船上下來，假惺惺地說：「包卿，辛苦了！」但是卻半天沒見回應。

這時，包拯從他身後過來，說：「國舅，這次為皇上採辦銀魚辛苦了！」龐國舅回頭一看，包拯赤著腳，背上繞著船繩，臉色立刻尷尬至極，嘴上卻說：「哪裡，哪裡。」

包拯說：「我來問你，你可知李秀才在哪？」

龐國舅心裡「咯噔」一下，但仍假裝沉著地說：「我不認得他！」

包拯一臉嚴肅，「哼哼」兩聲，回頭吩咐馬漢：「把羅帕包當著國舅的面解開。」

馬漢解開羅帕包，包裡是李秀才妻子的一張狀子和李秀才被殺的肉泥，血跡斑斑。龐國舅一見，立刻面如土色，兩腿發抖。

包拯當即喝令道：「拿下！」馬漢立即將龐國舅五花大綁起來。

包拯等人押著龐國舅來到衙門，即刻升堂，衙吏分列兩旁。有人將龐國舅押了上來。

包拯對案情早已瞭如指掌，當堂提筆判道：「龐氏父子，榮膺顯爵，身受皇恩，豺狼狼貪，殘害百姓，雖皇親國戚，亦罪不容赦，虎頭鍘且把威使。知縣身為百姓父母官，助紂為虐，狡而多詐，是宜刀割首級，示眾三日，立即押赴瓦埠湖畔執行！」

一聲鑼響之後，龐氏父子和知縣被分別處死。

從宋代包拯去世後，包公的故事就在民間流傳。〈合同文字記〉和〈三現身包龍圖斷冤〉是最早的宋人創作的包公斷案故事，〈宋四公大鬧禁魂張〉雖不是包公斷案故事，但在篇末出現了包公的名字：

直待包龍圖相公做了府尹，這一班盜賊，方才懼怕。各散去訖，地方始得寧靜。

在流傳下來的宋元話本中，包公的故事並不多。到了元代，元曲裡大量包公戲流傳，保存下來的有完整劇本的清官斷案戲有十六七種，其中包公斷案的就有十一種之多。比如無名氏的《陳州糶米》、《合同文字》、《神奴兒》、《盆兒鬼》，元代戲曲作家關漢卿的《蝴蝶夢》、《魯齋郎》，元代戲曲作家鄭廷玉的《包待制智勘後庭花》，元代雜劇家李行道的《灰闌記》，元代曾瑞卿的《留鞋記》，元代戲曲作家武漢臣的《生金閣》，還有一種是科白不全的《張千替殺妻》。

在元曲中，包拯被塑造成半人半神、可以上天入地的判官形象，主持正義又無所不能的「包公」，展現了人們對清明政治的渴望和期待。同時，這也是元代百姓的呼聲。

至清代，長篇俠義公案小說的經典之作《三俠五義》中所記載的包拯形象，已經集民間包公形象之大成，使包拯不畏強權、剛正嫉惡、處事幹練的形象更為飽滿，因而得以廣泛流傳。

特別是在清代小說中，增加了包公的身世、包公的三口銅鍘由來、開封府三寶，即古今盆、陰陽鏡、遊仙枕的由來，以及開封四勇士即王朝、馬漢、張龍、趙虎的來歷，開封師爺公孫策的來歷，展昭、白玉堂等人的來歷等詳細內容，其中包括大量包公斷案和俠義之士遊行鄉里除暴安良、為國為民的故事，把包公的形象塑造得更為豐滿、鮮活，把包公的傳說推向高峰。

關於包公的故事和傳說，自宋元以後，就在民間一直盛行不衰，直至形成現在的豐富多彩的文學藝術形象，深受廣大勞動人民的敬仰和愛戴。

在中國戲曲史上，沒有一位官吏能夠像包拯那樣，可以如此頻繁地出現在歷代的戲劇舞臺上，久演不衰，並且成為一類非常獨特的戲劇通稱，即包公戲。

戲劇中的包公，並不等同於歷史上的真實人物包拯，而是改編自文學包公的帶有某種理想化的包公形象。包公既是一位清正廉明、鐵面無私、心智過人、執法如山的清官，又是一個半神半凡的超人。在他的身上，反映了老百姓對於清官的企

盼，和對社會公正的嚮往。

包拯鐵面無私，剛直不阿，不畏權貴，清正廉潔，因而成為了清官學習的好榜樣。

【旁注】

▼**三司使**：北宋前期最高財政長官。西元九三〇年始設三司使，總管國家財政。宋初沿舊制，三司總理財政，成為僅次於中書、樞密院的重要機構，號稱「計省」，三司的長官三司使被稱為「計相」，地位略低於參知政事。

▼**宋仁宗**：（西元一〇一〇至一〇六三年），即趙禎，宋朝第四代皇帝，初名受益，宋真宗的第六子，在位四十一年。其陵墓為永昭陵。諡號為體天法道極功全德神文聖武睿哲明孝皇帝。民間流傳的「狸貓換太子」中的太子就是指宋仁宗，自古以來在包公劇中，宋仁宗被樹立為明君的形象。

▼**秀才**：原本指稱才能秀異之士，及至漢晉南北朝，秀才變成薦舉人才的科目之一。唐初科舉考試科目繁多，秀才只是其中一科，不久即廢。與此同時，秀才也習慣地成了讀書人的通稱。宋代各府向朝廷貢舉人才應禮部會試，沿用唐代

後期之法，先進行選拔考試，其中凡應舉選拔考試，以爭取舉薦的，都稱為秀才。

▼**知縣**：也叫「知縣事」，中國古代的一個官職，是一縣的主官，主要管理一縣的行政。如果所在縣城駐有戍兵，也要兼管軍事，兼任兵馬都監或監押。元代時縣的主官改稱縣尹，因為官銜在正七品，俗稱「七品芝麻官」。

▼**科白**：戲曲中角色的動作和道白，是元雜劇的主要組成部分，其內容主要表達劇中角色的思想感情，是一種代言體。以語言和動作為主，而不是透過唱詞來展示人物性格特徵的。

▼**元曲**：是盛行於元代的一種文藝形式，包括雜劇和散曲，有時專指雜劇。雜劇，宋代以滑稽調笑為特點的一種表演形式。元代發展成戲曲形式，每本以四折為主，在開頭或折間另加楔子。每折用同宮調同韻的北曲套曲和賓白組成。如關漢卿的《竇娥冤》等。

【閱讀連結】

包公戲的流行，從南到北涉及所有的戲曲種類。包公戲情節曲折，是非分明，贏得人們的喜愛。包公的臉譜和傳統戲劇中的所有臉譜不同，它墨黑如漆，在腦門心的位置上用白色油彩勾畫出一彎新月，這一臉譜為戲劇中包拯的專用。包公的前額所畫，俗稱「月形腦門」，名「太陰腦門」。

傳說中包公剛正威嚴，「日斷陽夜斷陰」，白天料理人間的案子，夜晚則主持陰間的訟事，需要陰陽兩界的「通行證」，而這「月形腦門」，就成為「通行證」。

楊家將滿門忠烈千古傳

那是在北宋時期，有一個名將叫楊業。他從小喜好騎馬射箭，學了一身武藝。因為他武藝超強，英勇善戰，人們稱他「楊無敵」。宋太宗對楊業相當器重，起初讓他擔任鄭州刺史，後來又讓他擔任代州刺史，鎮守北方邊境。

西元九八〇年三月，遼國出動十萬大軍，侵犯代州北面的雁門關。警報傳到代州，楊業手下只有幾千騎兵，力量相差太遠，大家都很擔心。楊業決定出奇制勝，帶領幾百騎兵，從小路繞到雁門關北面，在敵人背後進行攻擊。

遼軍正大搖大擺向南進軍，不料一聲吶喊，宋軍從背後殺了出來。遼軍大驚，不知道宋軍有多少人馬，嚇得四散逃奔。這一仗，遼國的一個駙馬被殺死，還有一個大將被活捉。

楊業以少勝多，打了一個大勝仗。宋太宗非常高興，特地給楊業升了官。從此，「楊無敵」的威望越來越高。

遼軍不堪失敗，稍作修整之後捲土重來，氣勢洶洶，山西大片土地失陷。楊業父子和他們的部下雖然英勇善戰，畢竟寡不敵眾。他們從正午一直打到黃昏，只剩下一百多人，好不容易突出重圍，且戰且走，退到陳家谷。

哪知將領潘美的軍隊不顧楊業的安危，早已逃跑了。楊業只好帶領部下，再跟遼軍死戰。將領王貴用箭射死了幾十個敵人，箭射完後，又用弓打死了幾個敵人，最後壯烈犧牲。楊業的兒子楊延玉和其他將士也在戰爭中犧牲了。

楊業受了十幾處傷，還繼續苦鬥，殺死了幾十個敵兵。他因為傷勢太重，加上戰馬重傷，實在走不動了，就到樹林中去躲一躲，不幸被敵人射倒。他被俘以後，堅貞不屈，絕食而死。

楊業有七個兒子，除楊延玉犧牲外，最著名的要數楊延朗。楊延朗後來改名楊延昭，他鎮守邊關二十多年，曾多次打敗遼軍的侵擾。楊延昭的兒子楊文廣，也是一個將軍，曾在西北和河北一帶鎮守邊境。

楊家三代人英勇抗遼，為保衛宋王朝做出了巨大貢獻，而他們戍守北疆、滿門忠烈、精忠報國的動人事蹟，贏得了人們的尊重。

由於史籍中關於楊家將的記載實在過於簡略，顯然滿足不了人們對英雄的期待。於是，「楊家將」在傳頌的過程中，不斷被豐富、充實、發展，原本只有三代的楊家將被鋪寫成了五代。原本只是男兒的鐵血沙場，又融入了楊業的妻子佘太君、女將穆桂英等生動如花的女英雄。這或許是人們在以歷史譜寫英雄，抑或借英雄寄語歷史。

同時，在抗擊敵侵的過程中，婦女曾經發揮過重要作用。在這種情況下，以楊業一家忠烈勇武的事蹟為基礎，逐步擴衍而成了「楊門女將」的傳奇故事。

相傳遼國的護國軍師任道安借助楊家將的力量，已經將天門陣提升至人陣合一的境界，附近村落的無辜百姓被妖陣迷惑心智，互相殘殺，生靈塗炭。

天門陣人陣合一，其中暗藏玄機，往往令人防不勝防。穆桂英認為，妖陣必定與任道安生辰相連，由此推算出了天門陣的心臟位置便是其死門。如果可以直搗此地，便可一舉摧毀天門陣，但闖陣之人也會與天門陣同歸於盡。

誰知楊家護院楊安早已決定以身犯險來報楊家恩情，結果楊安戰死於天門陣，軍中將士情緒低落，無心戀戰。佘太君無奈之中下了遣散令。此時出家為僧的楊五郎及時趕到，激勵大家重燃鬥志，團結一心，誓死與天門陣同歸於盡。

眾人決定三日之後，趁天門陣陣勢正弱將其一舉攻破，商議布下竹笛陣，以五音十二律克制妖陣幻音，以降龍木之正氣化解陣中幻影，楊家上下一心視死如歸。最終天門陣在正義之劍下化為灰燼。

經此一役，遼朝蕭太后心灰意冷，答應與楊家將化干戈為玉帛，自此之後永不犯境。

大破天門陣之後，楊家將班師回京，宋真宗親自迎接，並犒賞三軍，御賜金匾「巾幗英雄」，下旨普天同慶。自此，楊門女將和楊家將的美名開始在民間代代相傳。

到了南宋，民間藝人把楊家將，包括楊門女將在內的故事編成了話本，並在民間越傳越盛。由於北宋最終為外敵所滅，南宋人們崇拜英雄的心情非常強烈。面對

屈辱求和的南宋政府，他們對那些血戰保國的將領更加敬仰和懷念。

到了元代，楊家將故事形式又有新拓展，出現了雜劇，比如《昊天塔孟良盜骨》等。到了明代，楊家將故事進一步豐富，出現了《楊家將演義》、《楊家將傳》，楊家將故事以小說、評書的形式廣泛流傳。這些故事反映的時間跨度加大，從宋太祖趙匡胤登基一直寫到宋神宗趙頊，約一百年的歷史，編織了楊家祖孫世代抗敵的英勇故事。

明代中後期，外敵虎視，這種局面與宋代何其相似，楊家將成了借古言今的最好武器。另一方面，明政府也非常推崇楊家將，希望借此宣揚忠君思想。

在這樣的時代氛圍之下，民間藝術家在傳說和戲曲的基礎上，改編出歷史演義小說，如明代紀振倫的《楊家將通俗演義》，加上清代熊大木的《北宋志傳》，這兩部書使得楊家將故事定型，為後來的戲曲和說唱文學提供了豐富素材。

明清兩代，戲曲舞臺上以楊家將為題材的劇目就有三百六十齣之多。京劇和其他地方劇種還經常上演《四郎探母》、《穆桂英掛帥》等劇目。這些小說和戲曲，與歷史事實出入已經很大，成了英雄傳奇。

凝聚在楊家將傳說故事中的前仆後繼、忠心報國的偉大精神，是千百年來人們面對侵擾和欺凌，反抗侵略、保家衛國、追求和平美好希望的一種寄託。充滿了強烈的愛國主義精神，閃耀著璀璨的理想主義光芒。

【旁注】

▼**楊業**：（西元?至九八六年），原名重貴，并州太原人，北宋名將，官至雲州觀察使、判代州，贈太尉、大同軍節度使。因為驍勇善戰出名。多次升遷到建雄軍節度使，多次立下戰功，每次都能取勝，百姓替他起了一個綽號叫做「楊無敵」。

▼**楊文廣**：（西元?至一〇七四年），字仲容，山西太原人。他是楊延昭的三子。神宗時因抗擊西夏建功，歷官定州路副都總管、步軍都虞侯。後遼人爭議代州地界，他奉獻陣圖及攻取幽燕之策。旋病死。膝下共有四子，以小兒子懷玉最為出眾。

▼**穆桂英**：原為穆柯寨穆羽之女，武藝超群、機智勇敢，傳說有神女傳授神箭飛刀之術。因陣前與楊宗保交戰，穆桂英生擒宗保並招之成親，歸於楊家將之列，為楊門女將中的傑出人物。穆桂英與楊家將一起征戰衛國，屢建戰功，是

中國通俗文學中巾幗英雄的典型形象。

▼**蕭太后**：（西元九五三至一〇〇九年），指蕭綽，小字燕燕，原姓拔里氏，拔里氏被耶律阿保機賜姓蕭氏，契丹族，遼朝著名的政治家、軍事家和改革家，她攝政期間，遼進入了管理中原兩百年間最為鼎盛的輝煌時期。

▼**京劇**：又稱平劇、京戲，是中國影響最大的戲曲劇種。西元一七九〇年起，原在南方演出的三慶、四喜、春臺、和春四大徽班陸續進入北京，他們接受了崑曲、秦腔的部分劇目、曲調和表演方法，又吸收了一些地方民間曲調，透過不斷的交流、融合，最終形成京劇。

【閱讀連結】

「血戰金沙灘」是楊家將傳說故事中，楊家將打得最悲壯、最慘烈的一仗。戲曲《金沙灘》演的就是這件英勇悲壯的事蹟，但鹿跨澗村民什麼戲都看，唯獨不看《金沙灘》這齣戲。

據說有一年春天，村民點了《金沙灘》。開戲前，天氣晴朗，風塵不動。戲開後，契丹兵向楊家將猛烈進攻，這時突然狂風大作，飛沙走石，風沙過後，臺上楊老令公披掛上陣，領兵迎敵。演到二郎、三郎慘死疆場時，突然從西北方向滾過一團烏雲，剎那間電閃雷鳴，瓢潑大雨從天而降，整個場子裡成了風雨世界。風雨過後，人們說這是祖宗對咱們的報應，老祖宗不想讓咱們再提那些傷心的事，此後，再也不演《金沙灘》了。

岳飛精忠報國傳佳話

那是在北宋時期，北方游牧部落不斷闖到宋境內來搶東西，而且還殺人、放火，讓很多人沒有房子住，沒有東西吃。

當時的北宋政府，宦官專政，軍備廢弛。面對外敵的侵襲，河南安陽湯陰縣的岳飛，在國家危難之際，一心想盡自己的義務，決定投軍，保家衛國。

在戰爭實踐中，岳飛變得越來越成熟，顯示出超凡的軍事才能。他主張「連結河朔」，希望黃河以北的義軍和宋軍互相配合，夾擊敵軍，以收復失地。

從西元一一二八年遇元帥宗澤到一一四一年為止的十餘年間，他率領岳家軍同金軍進行了大小數百次戰鬥，所向披靡，以至於敵人也不得不佩服地說：「撼山

易，撼岳家軍難。」

岳飛治軍，賞罰分明，紀律嚴整，他率領的「岳家軍」號稱「凍殺不拆屋，餓殺不打擄」。所以岳家軍所到之處，民眾無不歡欣圍觀，「舉手加額，感慕至泣」。岳飛能體恤部屬，以身作則。他與將士同甘苦；待人以恩，常與士卒最下者同食。士卒傷病，岳飛親自撫問；士卒家庭困難，讓相關機構多贈銀帛；將士犧牲，厚加撫卹。因此，岳飛深得兵民愛戴。

岳飛一貫反對消極防禦策略，主張積極進攻以制勝。但是以宰相秦檜為主的保守派卻一意求和，以十二道金牌下令退兵，岳飛在孤立無援之下被迫班師。在宋金議和過程中，岳飛遭受秦檜等人的誣陷，被捕入獄。西元一一四二年一月，岳飛被加以「莫須有」的罪名，與長子岳雲和部將張憲同時被害。

岳飛被害後，獄卒隗順冒死將岳飛遺體背出杭州城，埋在錢塘門外九曲叢祠旁。隗順臨終前，才將此事告知其子。西元一一六二年宋孝宗即位之後，岳飛的冤獄終於平反。隗順之子告以前情，宋孝宗詔命將岳飛禮葬在西湖棲霞嶺。一一七八年，謚岳飛為「武穆」，宋寧宗時追封為「鄂王」，宋理宗時改謚「忠武」。

岳飛在戰爭中聯合軍民，保住了南宋半壁河山，使得人民免遭敵軍的蹂躪，人民對岳飛感念備至。加之在漫長的歷史演變中，人們厭倦了戰爭，極度渴望過上幸福安康的日子。所以，關於岳飛的傳說在民間一直都盛行不衰。

據說，岳飛小時候家裡非常貧窮，但是他很喜歡看書，尤其是喜愛看打仗的書，他立志，長大以後做一個大將軍，率領一支軍隊去保家衛國，不讓自己的國家受到別人欺負。他經常幫助母親做農務，所以他的身體練得很結實，他還經常幫助鄰居們做事，周圍的大人們都說他是一個又健康又聰明的孩子。

後來，小鎮上來了一個叫周桐的老人，岳飛聽說他的武藝非常高強，就和一些小朋友跟他練起了武術。由於岳飛訓練時不怕吃苦，從來不像其他一些小孩子那樣偷懶，所以，武藝長進得非常快。

過了幾年，小岳飛長成一個青年，也學得了一身的本領。這時，國家正處在生死存亡的關頭，面對侵略者的襲擾，岳飛憂心忡忡。不久之後，他決定投軍。

臨行前，岳飛的母親把他叫到跟前，說：「現在國難當頭，你有什麼打算的？」

「到前線殺敵，精忠報國！」岳飛斬釘截鐵地說。

母親雖然不捨，但是聽了兒子的回答，卻十分欣慰，因為「精忠報國」正是自己對兒子的殷切希望。她決定把這四個字刺在兒子的背上，讓他永遠銘記在心。

於是，岳飛解開上衣，露出脊背。隨後，母親在他後背上刺了「精忠報國」這四個字。從此，「精忠報國」就永不褪色地留在了岳飛的後背上。

岳飛投軍後，因作戰勇猛很快升為秉義郎。這時宋都開封被敵軍圍困，岳飛隨副元帥宗澤前去救援，多次打敗敵人，受到了宗澤的賞識，稱讚他「智勇才藝，古良將不能過」。

岳飛是歷史上有名的孝子。他把母親接到軍營中後，侍奉唯恐不周，每晚處理好軍務，便到母親處問安。當母親生病時，他親嘗湯藥，跪送榻前，連走路都微聲屏氣而行，生恐吵擾了母親的休息。凡遇率軍出征，必先囑咐妻子李娃，好好侍奉母親。岳飛認為：

「若內不克盡事親之道，外豈復有愛主之忠臣？」

岳飛雖是武將，但他文采橫溢，有儒將風範。他愛好讀書，書法頗佳，時人稱「室有鄴架」、「字尚蘇體」。他還愛與士子文人交往，「往來皆高士」。

岳飛寫的〈小重山〉不似〈滿江紅〉那樣豪情萬丈，可卻是借琴弦抒發著心中無言的吶喊。岳飛這一生，為國家浴血沙場，赤膽忠心，不為功名，其高風亮節，令世人感佩。

岳飛是著名的民族英雄，為歷代人民所敬仰。明代中期，岳飛的故事開始廣為流傳，岳飛也開始成為了一個家喻戶曉的人物。

明代表現岳飛故事的小說、戲劇如《精忠記》、《武穆精忠傳》、《精忠旗》等都有岳飛背上刺字的描寫，刺字版本不一，最普及的則是「精忠報國」。

明成化年間創作的《精忠記》，也曾提及岳飛背脊有「赤心救國」字樣。明嘉靖年間的《武穆精忠傳》中記載了另外一種說法，說有一次岳飛見湯陰家鄉有人因生活所迫，嘯聚山林，為了自勉和勉人，於是請工匠在背上深刺了「盡忠報國」四個字。

明末，由李梅草創，文學家馮夢龍改定的《精忠旗》稱：「史言飛背有『精忠報國』四大字，是飛令張憲所刺。」

「岳母刺字」的故事最早見於清乾隆年間，浙江小說家錢彩評《精忠說岳》，該書第二十二回的標題是「結義盟王佐假名，刺精忠岳母訓子」。內容為，岳母恐日後有不肖之徒前來勾引岳飛，倘若一時失察受惑，做出不忠之事，英名就會毀於一旦，於是禱告上蒼神靈和祖宗，在岳飛背上刺了「精忠報國」四個字。

該書敘述岳母刺字時，先在岳飛脊背上，用毛筆書寫，再用繡花針炙就，然後

塗以醋墨，使永不褪色，描述得具體而詳細。

在儒教思想的影響下，「岳母刺字」逐漸被賦予眾多的文化內涵，這也是其久盛不衰的重要原因。後人評書將「盡忠報國」稱為「精忠報國」，並編成一支曲在民間流傳。

岳飛的母親也被人們稱為古代的賢母之一，她身為母教典範和婦女楷模，在國家危亡之際，勵子從戎，精忠報國，被傳為佳話，世尊賢母。

【旁注】

▼**岳家軍**：宋代名將岳飛率領的軍隊，岳家軍最多時達十萬人，分為十二軍，平均每軍八千餘人。各軍常各自出擊，其中有一支「背嵬軍」為岳飛親軍，有騎兵八千和步兵數千。

▼**岳雲**：（西元一一一九至一一四二年），岳飛的長子，中國歷史上少有的少年傑出英雄。他慷慨忠勇，頗有父風，在反抗金兵侵略戰鬥中屢立奇功，百戰百勝。卻於一一四二年除夕和父親岳飛及部將張憲一起慘遭殺害，死時年僅二十三歲。

▼**馮夢龍**：（西元一五七四至一六四六年），明代文學家、戲曲家。字猶龍，又字子猶，號龍子猶、墨憨齋主人等。兄夢桂，善畫，弟夢熊，太學生，他們兄弟三人並稱「吳下三馮」。馮夢龍以其對小說、戲曲、民歌、笑話等通俗文學的創作、蒐集、整理、編輯，替中國文學做出了獨異的貢獻。

▼**毛筆**：一種源於中國的傳統書寫工具，也逐漸成為傳統繪畫工具。被列為文房四寶之一。分硬毫、兼毫、軟毫。

【閱讀連結】

歌頌岳飛的英雄事蹟在民間廣為流傳，其中傳頌岳母刺字的故事也極為流行。但是岳母刺字的故事，在歷史上卻查無依據。宋人的筆記和野史均無記載，包括岳飛的曾孫岳珂所著的《金陀革編》也沒有紀錄。

岳母刺字始見於元人所編的《宋史本傳》，書云：「初命何鑄鞫之，飛裂裳，以背示鑄，有『盡忠報國』四大字，深入膚理。」但書中未注明此四字出自岳母之手。

濟公古井運木的故事

相傳南宋紹興年間，浙江台州府天臺縣有個李善人，他平生樂善好施，常常救濟窮人，但是卻沒有孩子。李家人世代信佛，虔誠拜佛終於生下一個兒子。老來得子的李善人為孩子取名修緣。

修緣似乎是與佛門結下了不解之緣。他在父母去世以後，先進天臺城北的國清寺，拜法空一本為師，在國清寺住持的高僧瞎堂慧遠的門下，受具足戒，取名道濟。接著，又參訪祇園寺道清、觀音寺道淨，最後投奔杭州靈隱寺。

道濟曾經帶著自己撰寫的化緣疏，外出募化，修復被火燒毀的寺院。他經常遊方市井，拯危濟困，救死扶弱，彰善懲惡。

道濟一生怡然飄逸，喜好雲遊，出行四方，足跡遍及浙、皖、蜀等地。他常常衣衫不整，寢食不定，為人採辦藥石，治病行醫，解憂解難，常常靈驗，廣濟民間疾苦。

道濟的德行廣為人們所傳頌，人們又將他叫做「濟顛和尚」。因平生才華橫溢，樂善好施，深知民間疾苦懲處為富不仁之人，深受百姓愛戴尊為濟公。在人們看來，濟顛的「濟」字也包含著扶危濟困的意思。

道濟善下圍棋，喜鬥蟋蟀，更寫得一手好詩文。他徜徉山水，自得其樂，遊履所至，揮毫題墨，文詞雋永，志在「一身破爛行天下，除惡懲奸辨是非」。因為他有這樣的理想並付諸實踐，民間一直都不乏關於濟公的傳說。

關於濟公的故事傳說，在南宋時代即已開始流傳。先是凡俗神童李修緣或是得道高僧道濟的一些富有傳奇色彩的片段故事在民間耳聞口傳，後來透過說書人的話本說唱，內容逐漸豐富。

傳說，濟公出生時正好碰上國清寺羅漢堂裡的第十七尊羅漢——降龍羅漢的時候突然傾倒，於是人們便把濟公說成是羅漢投胎。

但是，道濟出家後，一反常態，言行叵測，不喜唸經，難耐打坐，經常和那些頑童廝混在一起遊戲。而且道濟嗜好酒肉，衣衫襤褸，常常到市井中，做救死扶弱的事情，因此，人們稱他為「濟顛僧」。

這一年六月二十三日，正是赤日炎炎的大熱天，可是到南屏山淨慈寺來燒香拜佛的人比往常還多，大家燒香磕頭，求火神不要降火災，保佑四季平安。

這時，從山門外來了一個年輕漂亮的女子。這女子穿一身紅綢衣裙，手撐一把小

陽傘，一雙烏黑的眼睛東張西望。恰恰這個時候，道濟從廚房裡衝出來，一手拿著一根竹棒，也不說話，伸開兩臂攔住山門，不讓那女子進來。這時，老方丈從裡面趕出來，見道濟這樣，便大聲喝斥道：「濟顛，你像不像個出家人？還不走開！」

道濟扭過頭來，笑嘻嘻地問老方丈道：「師父呀，你說說看，是有寺好還是沒寺好？」

老方丈想都沒想就罵道濟說：「多嘴，我們出家人多一事不如少一事，當然是『沒事』好！」

道濟嘆了一口氣說：「師父呀，等到『沒有寺』了，你不要後悔啊！」

老方丈聽也不聽，拿拐棍兒敲著道濟說：「『沒有事』，我正巴不得呢！你少在這裡囉嗦，快走開！」

道濟見當家老方丈這麼一說，就把兩根竹棒往胳肢窩下一夾，獨自走開了。

那穿紅衣裙的女子剛走進大雄寶殿，往人群中三擠兩擠就不見了。這時，忽地颳起一陣大風，有一隻紅蜘蛛從大殿正梁上掛下來，不偏不斜，正好落在點燃的燭火上。只聽，「呼」地一聲，燭火四射，大殿裡立刻著起火來。霎時就把個金碧輝煌的淨慈寺燒成了一片火海。

許多香客跟僧人東逃西躲沒處藏身，看見只有殿後那一間柴房沒燒著，大家就你推我擠地往那裡奔跑。推開門一看，只見道濟翹起兩條腿，躺在草堆上睡得正香甜。大家七手八腳地去推他，道濟揉揉眼皮翻個身，迷迷糊糊他說：「莫吵，莫吵！」

大家把他拖起來，大聲說：「火都燒著眉毛啦，你還在睡大覺！」

道濟也不回答，只嘻嘻地朝大家憨笑。

老方丈一見也火了，說：「寺院燒掉了，你還樂呢！」

道濟說：「哈哈！這就要問師父啦！剛才那穿紅衣裙的女子是火神變的，她今天午時三刻要來燒淨慈寺，我不放她進來，想耽誤過時刻，這火便燒不成啦。」

老方丈聽了著急地說：「哎呀呀，那你為什麼不早點說呀？」

道濟說：「還怨我不早說呢，我攔也攔了，大家都轟我，剛才我還問師父，師父不是說『沒寺』好嗎？哼，你不是還拿拐棍敲我嘛！」

老方丈這時才明白：原來自己一時心急，把話音都聽錯了，錯把「寺」聽成了「事」。真是又慚愧又傷心，忍著眼淚說：「要知道是寺院的『寺』，怎麼會說，多一寺不如少一寺呢！」

淨慈寺失火焚毀了大雄寶殿。道濟受方丈之託，募化建殿的大木。道濟在痛飲

沉醉三日後，大聲喊道：「大木來了，可從井中去取。」果然寺中井底有大木湧出。寺僧們趕緊從井裡先後取出六十多根。後來方丈說夠用了，大木就不再湧現。

在道濟的家鄉杭嘉湖一帶，流傳的故事內容更為廣泛，其中以「飛來峰」、「赭溪救童」、「戲弄秦相府」等故事最為膾炙人口。直至明末清初，出現了一部描寫濟公傳奇事蹟的《濟公傳》。

黎民盼望救星，社會呼喚英雄，當人民十分需要聖賢的時候，高僧道濟就成了「活佛」，並成為歷代供奉祭祀的神靈，其成佛後的尊號長達二十八個字：

大慈大悲大仁大慧紫金羅漢阿那尊者神功廣濟先師三元贊化天尊

這個尊號集佛道儒於一身，堪稱神化之極致，說明濟公深受廣大人民群眾的喜愛，成為人民心中的「活佛」，反映出濟公的形象具有廣泛的親和力。

在道濟的生前身後，天臺出現了許多關於他的靈異傳說，為人們所津津樂道。明清以來，濟公傳說廣泛流傳於全國各地，成為家喻戶曉的民間故事。

千百年來，濟公傳說已成為文學藝術的生動素材，在小說、戲曲、書畫、雕塑、等領域都得到廣泛運用。同時，濟公傳說作為一種獨特的文化現象，深深印刻在民眾的心裡，對於推進道德教育具有重要作用。

【旁注】

▼**圍棋**：棋類遊藝的一種，中國古時有「弈」、「碁」、「手談」等多種稱謂，據說是堯帝發明的，春秋戰國時代即有記載。圍棋用黑白圓形棋子，方形棋盤上有縱橫各十九條直線將棋盤分成三百六十一個交叉點，黑先白後，棋子走在交叉點上，雙方交替行棋，落子後不能移動，以圍地多者為勝。

▼**淨慈寺**：杭州西湖歷史上四大古剎之一。因為寺內鐘聲宏亮，「南屏晚鐘」成為「西湖十景」之一。淨慈寺在南屏山慧日峰下，是西元九五四年五代吳越國錢弘俶為高僧永明禪師而建，原名永明禪院，南宋時改稱淨慈寺，並建造了五百羅漢堂。

▼《**濟公傳**》：清代郭小亭著，是濟公傳說的最早藍本之一，全書共兩百四十回，將從宋代即開始流傳的濟公傳說進行整理。其主要內容是濟公出家以後行俠仗義的故事。全書的結構較為鬆散，但由於貫穿始終的主角濟公給人留下了深刻的印象。是中國流傳最廣的神鬼仙怪之書。

【閱讀連結】

據民間傳說，道濟像所有的文人一樣，從少年起便一直做著金榜題名的科舉夢。他為了好好學習，從永寧村搬到天臺赤城山瑞霞洞苦讀詩書十年。就在李修元要準備赴考的時候，家裡的父母忽然雙雙得了急病，病情來得很急，不出三日，就相繼去世了。

李修緣慟哭了一番，辦喪事完，一時萬念俱灰。父母雙亡以後，李修緣一邊為父母守孝，一邊讀佛法方面的書籍。到了十八歲，孝期滿了後，李修緣看破紅塵，立志出家。後來，終成廣傳後世的一個神僧。

成為智慧化身的劉伯溫

那是在元末明初的時候，從小就能過目不忘的劉伯溫被大明開國皇帝朱元璋請至應天，擔任謀臣的職位。在這個職位上，劉伯溫展現了一個非常成功的兵法家的才能。

劉伯溫針對當時的形勢，向朱元璋提出避免兩線作戰、各個擊破的策略，輔佐朱元璋集中兵力先後消滅了陳友諒、張士誠等勢力。

接著，劉伯溫又建議朱元璋，脫離紅巾軍領袖「小明王」韓林兒自立勢力，然後以「大明」為國號來招攬天下義師的民心。西元一三六七年，劉伯溫參與制定朱元璋的滅元方略，並得以實現。劉伯溫共參與軍機八年，籌劃全局。

在此期間，劉伯溫為朱元璋預言帝王之業，無不實現，無異於諸葛亮在隆中為劉備預言天下三分，使朱元璋大開眼界。西元一三七〇年，朱元璋為嘉勉劉伯溫的功榮，授命劉伯溫為弘文館學士。

不久之後，朱元璋大封功臣，本想封劉伯溫為丞相，但是劉伯溫的一再推脫，只好放棄。其實，這並不是劉伯溫客氣，而是他明白自己的正直會遭到其他為官者的排擠，因此申請還鄉。

辭官回鄉之後的劉伯溫，開始研究天文曆法，他懂得那個時代極少有人懂得的天文學，於是，劉伯溫以精於讖緯之學的聲譽和形象在社會上廣泛流傳。

在民間傳說故事中，劉伯溫的形象是一位神人、先知先覺者和料事如神的預言家，有「前知五百年、後知五百年」之說。

相傳，劉伯溫本是玉帝身前一位天神，元末明初，天下大亂，戰火不斷，饑荒遍地。玉帝令劉伯溫轉世輔佐明君，以定天下，造福蒼生，並賜斬仙劍，號令四海龍王。

龍王年老體弱，事務繁多，因此派出了自己的九個兒子。龍的九個兒子個個法力無邊，神通廣大。他們跟隨劉伯溫征戰多年，為朱元璋打下了大明江山，又助朱棣登上皇位。

當龍王九子功德圓滿，準備返回天庭覆命之時，明成祖朱棣卻想永遠把它們留在自己身邊，安邦定國，雄霸天下。於是朱棣便借修築紫禁城為名，拿了劉伯溫的斬仙劍號令九子。

龍王九子是神獸，大發雷霆，頓時呼風喚雨，一時間電閃雷鳴，風雨交加。朱棣見斬仙劍鎮不住九子，便決定用計，他對龍王九子中的老大贔屭說：「你力大無窮，能馱萬斤之物，如果你能馱走這塊先祖的神功聖德碑，我就放你們走。」

贔屭一看原來是一塊小小的石碑，便毫不猶豫地馱在了身上，但用盡法力卻寸步難行。原來，神功聖德碑乃記載「真龍天子」生前一世所做功德之用，又有兩代帝王的玉璽印章，能鎮四方神鬼。

其他八個龍子，老二螭吻、老三蒲牢、老四狴犴、老五饕餮、老六蚣蝮、老七睚眥、老八狻猊、老九椒圖，眼看大哥被壓在碑下，不忍離去，便決定一起留在人間，但牠們一起發誓，永不再現真身。因此，朱棣雖然留住了九個龍子，但得到的卻僅僅是牠們的雕像。

劉伯溫得知此事後，也棄朱棣而去，脫離肉身返回天庭。朱棣後悔莫及，為了警示後人不要重蹈覆轍，便讓九個龍子各司一職，流傳千古。

劉伯溫不僅是明太祖朱元璋的開國謀臣，也是民間傳說中神機妙算的人物，甚至有人傳說他是諸葛亮「轉世」。

傳說有一天，劉伯溫在行軍途中做了一個夢：他走出朱元璋的營帳，走進深山老林，森林越來越密，不覺有點著急。慌忙間驚走一群野雞，騰空而飛。只見不遠處有一座千年古廟，他徑直走了進去。

劉伯溫進來一看，廟門匾額上書「諸葛武侯」四個字，廟門左右貼著一副對聯，寫道：「金雞土狗奔馬時，留頭金刀在此溺。」

劉伯溫不解其意，也來不及思索推敲，趕緊對廟中神像深深施了一禮。隨即發現神像下有木刻神牌，上寫「三分天下諸葛亮」幾個字。劉伯溫大笑一聲說：「我

一統天下還沒說什麼，你三分天下有什麼了不起。一氣之下，把木牌摔斷在地。」

誰知斷牌裡面還有一個小牌，劉伯溫拿起小牌一看，上面竟然寫著：「一統天下劉伯溫。」此時，劉伯溫才大吃一驚，諸葛亮果然是神人！

再回頭看看廟門上的楹聯，心想那留頭金刀不是分明指自己的姓嗎？留去田加金、刀旁正是「劉」字。

上聯那「金雞土狗奔馬時」，很明顯是指時間。此年是丁酉年，酉即雞。九月九日的地支是戌，戌的生肖是狗。奔馬時，顯然是指正午時辰，現在正是正午啊，想不到自己的一舉一動都被諸葛亮算得準確無誤，太厲害了！

劉伯溫連忙在諸葛亮像前跪下作揖，連連請罪。沒想到，跪下之後卻怎麼也站不起來了。

正在百思不得其解之時，又見對面牆上寫有拳頭大四個字：「棄甲而走」。心想：這是暗示我脫了盔甲才能脫身嗎？他趕忙脫下盔甲，果然得以脫身。此時，劉伯溫的夢也醒了。

劉伯溫的傳說有很多，並被世世代代的人們廣泛流傳著，在中國民間文學史上有著很大的影響。其中占有很大的比重的智慧故事，有著重要的認知價值。

劉伯溫是智慧化身，是民眾智慧的象徵；他是清官樣板，仁人君子，勤勉學子，是民眾道德的象徵；他是預言大師，風水宗師，得道仙師，是民眾信仰的象徵。劉伯溫的智慧故事更是占有很大的比重，據粗略統計，在南方流傳的劉伯溫傳說故事中，智慧故事就占了將近一半，特別是在劉伯溫的故鄉浙江，智慧故事占了近三分之二。這些智慧故事，是長期來人們實踐和智慧的經驗總結，反映出人們的思維特點和思維方式。

總之，劉伯溫傳說是探究中國民間文化的一個很好窗口，在一定程度上反映了民眾的智慧、道德和信仰。

【旁注】

▼**劉備**：（西元一六一至二二三年），字玄德，東漢末年幽州涿郡涿縣人，西漢中山靖王劉勝的後代，三國時期蜀漢開國皇帝，政治家，史家又稱他為先主。二二三年，劉備病逝於白帝城，終年六十三歲，謚號昭烈皇帝，廟號烈祖，葬惠陵，在成都武侯祠有昭烈廟為紀念。

▼**四海龍王**：奉玉帝之命管理海洋的四個神仙，其中東海龍王敖廣為大，其次是

南海龍王敖欽、北海龍王敖順、西海龍王敖閏。四海龍王的職責是管理海洋中的生靈，在人間司風管雨，統帥無數蝦兵蟹將。

▼**贔屭**：龍之九子之一，又名霸下。形似龜，好負重，長年累月地馱載著石碑。人們在廟院祠堂裡，處處可以見到這位任勞任怨的大力士。據說觸摸它能帶給人福氣。

▼**諸葛亮**：（西元一八一至二三四年），字孔明，號臥龍，徐州琅琊陽都人，三國時期蜀漢丞相，傑出的政治家、軍事家、散文家、書法家、發明家。封武鄉侯，追謚忠武侯。諸葛亮一生「鞠躬盡瘁、死而後已」，是中國傳統文化中忠臣與智者的代表人物。

▼**楹聯**：也叫對聯或對子，是寫在紙、布上或刻在竹子、木頭、柱子上的對偶語句言，對仗工整，平仄協調，是一字一音的中文語言獨特的藝術形式。對聯相傳起於五代後蜀主孟昶，它是中華民族的文化瑰寶。

▼**盔甲**：人們在武力衝突中保護身體的器具，也叫甲冑、鎧甲。其中盔與冑都是指保護頭部的防具；鎧與甲是保護身體的防具，而主要是保護胸腹的重要臟器之用。西周武士身著的「練甲」大多以縑帛夾厚綿製作，屬布甲範疇。

▼**風水**：本為相地之術，即臨場校察地理的方法，也叫地相、古稱堪輿術，相傳風水的創始人是九天玄女，較為完善的風水學問起源於戰國時代。風水的核心思想是人與大自然的和諧，是中國歷史悠久的一門玄術。也稱青鳥、青囊，較為學術性的說法叫做堪輿。

【閱讀連結】

劉伯溫從小博覽群書，諸子百家無一不窺，尤其對天文地理、兵法數學，更有特殊愛好，他潛心鑽研揣摩，十分精通。有一次，他在一家書屋看到一本天文書，便愛不釋手，一口氣讀完了此書。第二天竟能從頭至尾背誦如流。店主人知後十分驚奇，要把這部天文書送給他，劉伯溫說：「這部書已裝在我胸中，書對我已經沒有用了。」

劉伯溫的虛心好學和出眾才智，不僅使他學就和掌握了豐富的知識，而且使他年輕時就在家鄉出了名，大家都說他有魏徵、諸葛孔明之才。

幽默大師阿凡提的智慧

據說阿凡提出生在新疆葡萄溝南部一個叫達甫散蓋村的古老村落。從阿凡提故居石碑上的介紹可知，他生於西元一七七七年六月五日，去世於西元一八七六年六月五日，享耆壽九十九歲。新疆吐魯番人堅持認為，阿凡提是一位樂觀、幽默、機智的民族達人。

阿凡提出生於一個貧苦農民家庭，六歲讀完私立小學，十一歲開始學習伊斯蘭教經典《古蘭經》，十七歲時就可以翻譯阿拉伯語言書籍。

關於阿凡提的故事，數百年來在新疆維吾爾自治區各少數民族中流傳，而在維吾爾族人民中更是家喻戶曉。這些故事題材廣泛，構思奇巧，言簡意賅，妙趣橫生，大都具有鮮明的階級立場和勞動人民的是非觀念。

縣裡的喀孜假公濟私，貪贓枉法。阿凡提因有事要去外縣，需喀孜開一張證明信。他多次去找喀孜都沒有辦成，只是因為沒行賄，被他拒絕了。無奈之下，阿凡提只好帶上一罐蜂蜜去懇求喀孜，總算弄到了一張證明信。

第二天，喀孜想嘗一嘗蜂蜜的味道，打開罐子一看，發現表層只有一指深的蜂蜜，底下裝的全是泥巴。喀孜見自己受了騙，火冒三丈，急令差役快速追回證明信。

差役找到阿凡提，告訴他：「喀孜說開的證明信有誤，需收回修正，請快把證明信拿來。」

阿凡提聽罷，笑了笑說道：「請代我向喀孜大人致意，並轉告他：他所開的證明信根本無誤，我已使用，完全有效，只是我一時疏忽，送去的蜂蜜有誤。請他多多原諒！」

據說，阿凡提騎毛驢的方法很特別，是背朝前，臉朝後。他對他的學生解釋說：「假如我面朝前騎在毛驢上，你們就會落在我的背後。假如你們走在我的前面，那我又只能看見你們的背脊，因此我選擇了一種最好的騎毛驢的辦法，就是背朝前，臉朝後，這樣就解決了一切難題，而且能更方便地看著交談的人，這樣也就顯得更有禮貌。」

有一天，阿凡提倒騎牽著毛驢，路過一村莊。一個村夫見阿凡提說：「尊貴的客人，在這裡歇歇腳吃點飯再走吧？」

阿凡提前後看了看，就自己一人，便回答說：「謝謝，不用了。」

村夫惡作劇地說：「你以為我會讓你吃飯，我讓的是你的驢。」

阿凡提很生氣，伸手給毛驢一巴掌，對毛驢說：「來村口時我就問你，這莊上有沒有親戚，你說沒有親戚，沒有親戚怎會有人讓你吃飯？」接著又是幾耳光，說，「看你畜生以後還敢不敢糊弄人。」

阿凡提年過七旬時，仍然不服老，一天，他企圖把院子裡的一塊大石頭搬動一下，這一搬壞了他的事，腰也扭了，氣也不順了。從此，他臥床不起。

許多親朋好友前來探望他。他對安慰他的人說：「請你們別難過，我身體和年輕時一樣，力氣完全沒減少。」

「何以見得呢？」人們問道。

阿凡提說：「我們家院子裡的那塊大石頭，我年輕時搬過它，怎麼搬也沒搬動，幾天前我試了試，仍然沒搬動，你們看我的力氣不是和年輕時一樣大嗎？」

阿凡提很老了，當地的一個官員聽說阿凡提沒多少日子了，於是前來探望，他對躺在床上的阿凡提說：「如果你有什麼遺願，有些什麼事要做，請你跟我說吧！」

阿凡提有氣無力地對這個官員說：「我只有一個願望，等我死了以後，希望您能穿上我穿過的補丁長袍，騎上我那頭毛驢，到那些乞丐和窮人住的地方走一趟，這就是我的遺願。」

官員答應他的要求後走了。後來，官員按照阿凡提的遺願，穿上阿凡提打了補丁的長袍，騎上阿凡提的毛驢朝窮人和乞丐們住的地方走去。

那些窮人和乞丐們看見一個像阿凡提的人走來，高興地向他湧來，一面快樂地大聲嚷道：「我們的阿凡提回來了，他沒有死，他還活著！」

人們高興地喊著，跳著跑來。可是，當騎驢人走近的時候，他們發現不是阿凡提，有的痛哭，有的沮喪，非常失望地走開了，有人高聲喊道：「真主啊，我們的保護神阿凡提再也不會到我們中間來了！」說完，悲傷地哭了起來。

這時，官員才明白了人民真正的悲傷。

阿凡提有四個兒子。他們都不太孝敬年邁的父親，而且很懶。他決定好好懲治他們一下，分別對每個兒子說：「親愛的孩子，我是最疼愛你的。現在，我要告訴你一個祕密，不過你千萬不要讓別人幾個知道。我在我們家果園的一棵樹下埋了一罐金幣。等我死後，你悄悄把罐子挖出來，那是我留給你一個人的遺產。但是，請你千萬注意，別把樹根刨壞了，先在樹根下澆一點水，再輕輕一挖就能挖出來。」

於是，四個兒子開始偷偷地孝敬起父親來，而且變得一個比一個勤快。

沒過多少日子，阿凡提瞑目了。一天夜裡，四個兒子全拿著坎土曼來到了果園，準備挖出埋藏的金罐。

他們按照父親說的，每棵樹都澆上水，開始挖起來。但把所有的樹根都挖開看了，也都澆上了水，卻沒有找到金罐，在最後一棵樹下，找到了一塊石頭，石頭上刻上了這麼幾個字：「要用自己的勞動換來果實。」

他們終於明白了其中的奧祕。到了秋天，所有被澆了水的果樹都結滿了纍纍果實。

類似這樣的故事，還有很多很多，每一個故事都讓人深思。

阿凡提一生講了無數個故事，他用聰明、機智、幽默的語言，嘲笑了人們的愚昧、無知，諷刺了統治者的荒唐、殘暴，歌頌了勞動人民的勤勞、智慧。因此，幾百年來，阿凡提的笑話和故事，一直在民間流傳，深得各族人民的喜愛。

阿凡提這個形象，是古代維吾爾族勞動人民在反抗壓迫和封建世俗觀念的鬥爭中塑造出來的一個理想化人物。他勤勞、勇敢、幽默、樂觀，富於智慧和正義感，勇於蔑視反動統治階級和一切腐朽勢力。在他身上，展現了勞動人民的品格和愛憎分明的感情，反映了勞動人民的利益和願望，是一個深為新疆各族人民喜愛的藝術形象。

有人稱阿凡提是「宇宙級幽默大師」。據說阿凡提笑話可以在普天之下的四十多種語言中聽到。阿凡提的故事在流傳過程中，與各地類似阿凡提式的機智人物的故事混合在一起，以至達到難以區分的程度。關於阿凡提的笑話、逸聞、趣事，成為流傳所到之地人們共同的精神財富。

【旁注】

▼**達人**：是指在某一領域非常專業，出類拔萃的人物。指在某方面很精通的人，即某方面的高手。「達人」一詞最早見於《左傳》：「聖人有明德者，若不當世，其後必有達人。」這裡「達人」是「跟上來的人」的意思。後來這個稱呼被越來越多的人所接受和喜愛，成為流行用語。

▼《**古蘭經**》：或譯《可蘭經》，是伊斯蘭教的最高經典，共有三十卷一百一十四章六千兩百三十六節。穆斯林認為，《古蘭經》不僅是一部宗教經典，更是關於人類社會的最高法則。伊斯蘭教徒認為它是阿拉對先知穆罕默德在二十多年

期間陸續啟示的真實語言。

▼**長袍**：中國古代民間較普遍穿用的一種服飾。樣式是右大襟式，左右兩開禊，而皇室的長袍則是四開禊。有單袍、夾袍和棉袍之分，單袍又俗稱「大褂」。長袍的長袍在其流行的過程中也有較大的演變。到了一九五〇年代中期，長袍才逐步匿跡。

▼**坎土曼**：又名砍土鏝，新疆少數民族的一種鐵製農具。有鋤地、挖土等用途。由木柄和鐵頭兩部分構成。中華人民共和國成立前，新疆南部還保存封建社會莊園制度的墨玉縣等地區，農奴向貴族領得「份地」時，也領取一把坎土曼，作為整年為貴族服勞役的象徵。

【閱讀連結】

根據各種文字記載，阿凡提原是一位哲學家，祖籍土耳其，才智過人，思維敏捷，說話幽默，在橫跨亞歐非遼闊的奧斯曼帝國各地雲遊旅行。在過去的幾個世紀裡，各國人民把許多有趣的故事和有教育意義的哲理寓言，記錄在他的名下，廣為流傳，家喻戶曉。

各國人民根據自己的喜歡，對他的稱呼不同。阿拉伯人稱他是「久哈」或「納瑟」，波斯人稱他是「達爾維斯」，土耳其人稱他是「納斯魯丁·霍加」，希臘人稱他是「科賈·納斯魯丁」等等。

第二章　浪漫佳話——愛情傳說

在中國古典文學寶庫中，除了有史書記載的愛情主題作品外，還有一類民間流傳的愛情故事傳說，它不僅內容豐富，而且充滿了藝術魅力。比如其中的《牛郎織女》、《孟姜女》、《梁山伯與祝英臺》與《白蛇傳》，就是中國著名的愛情故事傳說。

中國民間的愛情故事傳說，是指在民間以口頭、文稿等形式流傳最為寬廣、影響最大的神話傳說。它們和其他民間傳說故事構成了中國民間文化的一個重要組成部分，對廣大民眾的生活有著深刻的影響。

感天動地的牛郎織女

那是很久以前，人們過著日出而作、日落而息的生活。每當日落之後，他們就會仰望頭頂上那片璀璨的星空，久而久之，人們發現每個星辰以及日月都有著一定規律，就對其產生了濃厚興趣。

最初，人們就將這些天文知識刻在甲骨上，無論是對太陽、月亮、行星、彗星、新星、恆星，以及日食和月食等罕見天象，都有著悠久而豐富記載。

隨著人們對天文的認知和紡織技術的產生，就有了關於牽牛星和織女星的記載。根據中國宋代著名類書《太平御覽》卷三十一引東晉周處的《風土記》記載：

「七月初七日，其夜灑掃於庭，露施幾筵，設酒脯時果，散香粉於筵上，以祈河鼓織女，言此二星神當會。」

此處的「河鼓」和「織女」，指的就是牽牛星和織女星。據民間傳說，牽牛星是穀物之神，織女則星是天帝之女桑蠶之神，穀物神和桑蠶神都是我們這個農耕民族的先民極為重視的神祇。那時的人們，認為東西南北各有七顆代表方位的星星，合稱二十八星宿。而牽牛星和織女星每到初秋七月分時，兩星的運行就顯得最為突出。

人們還發現，牽牛星在織女星的東方，中間有白濛濛的像雲一樣的東西，斷斷續續從北到南橫過天空，人們把它叫做天河。天河東南面有排成一條直線的三顆星，中間一顆很亮，兩旁的光亮較弱，看去與中間一顆距離恰好相等。這三顆星叫天平星，也叫挑擔星。

這中間的那顆最大最亮的就是牛郎星，也叫做牽牛星。它的光亮稍稍帶點黃，不及織女星那麼亮。於是，出於對自然的崇拜，人們在這兩顆星星的基礎上，將

它們人格化了，民間便出現了大量關於牛郎和織女的傳說故事，並一步步趨於了完美。

話說牽牛被貶之後，落生在一個農民家中，取名叫牛郎。後來因為父母早亡，他便跟著兄嫂度日。但是，兄嫂待他非常刻薄，要與他分家，最後只給了他一頭老牛和一輛破車，其他的都被哥哥嫂嫂獨占了。

從此，牛郎和老牛相依為命，他們在荒地上披荊斬棘，耕田種地，蓋造房屋，勉強可以餬口度日。這一天，老牛突然開口說話了，牠對牛郎說：「牛郎，今天你去一趟碧蓮池，那裡有些仙女在洗澡，你把那件紅色的仙衣藏起來，穿紅仙衣的仙女就會成為你的妻子。」

牛郎見老牛口吐人言，又奇怪又高興，便問道：「牛大哥，你真會說話嗎？你說的是真的嗎？」老牛點了點頭，牛郎便悄悄躲在碧蓮池旁的蘆葦裡，等候仙女們的來臨。

不一會兒，仙女們果然翩翩飄至，脫下輕羅衣裳，縱身躍入清流。牛郎便從蘆葦裡跑出來，拿走了紅色的仙衣。仙女們見有人來了，亂紛紛地穿上自己的衣裳，像飛鳥般地飛走了，只剩下沒有衣服無法逃走的仙女，她正是織女。織女見自己的仙衣被一個年輕人搶走，又羞又急，卻又無可奈何。

這時，牛郎走上前來，對她說：「答應做我妻子，我才能把衣裳還給妳。」織女定睛一看，發現牛郎正是自己日思夜想的牽牛，便含羞答應了他。這樣，織女便做了牛郎的妻子。

他們結婚以後，男耕女織，相親相愛，日子過得非常美滿幸福。不久，他們生下了一兒一女，十分可愛。牛郎織女本以為能夠終身相守，白頭到老。可是，王母知道這件事後，勃然大怒，馬上派遣天神仙女捉織女回天庭問罪。

這一天，織女正在做飯，下地去的牛郎匆匆趕回，眼睛紅腫著告訴織女：「牛大哥死了，牠臨死前說，要我在他死後，將牠的牛皮剝下放好，有朝一日，披上它，就可飛上天去。」

織女一聽，她明白，老牛就是天上的金牛星，只因替被貶下凡的牽牛說了幾句公道話，也貶下天庭。但織女心中納悶，牠怎麼會突然死去呢？織女便讓牛郎剝下牛皮，好好埋葬了老牛。

正在這時，天空狂風大作，天兵天將從天而降，不容分說，押解著織女便飛上了天空。這時，織女聽到了牛郎的聲音：「織女，等等我！」織女回頭一看，只見

牛郎用一對籮筐，挑著兩個兒女，披著牛皮趕來了。

慢慢地，他們之間的距離越來越近了，織女可以看清兒女們可愛的模樣子，孩子們了都張開雙臂，大聲呼叫著「媽媽」。

眼看牛郎和織女就要相逢了，可就在這時，王母駕著祥雲趕來了，她拔下她頭上的金簪，往他們中間一劃，霎時間，一條波濤滾滾的天河橫在了織女和牛郎之間，無法橫越了。

織女望著天河對岸的牛郎和兒女們，哭得聲嘶力竭，牛郎和孩子也哭得死去活來。他們的哭聲是那樣揪心，催人淚下，連在旁觀望的天神們都覺得心酸難過。

王母見此情此景，也為牛郎織女的堅貞愛情所感動，便同意讓牛郎和孩子們留在天上，每年七月七日，讓喜鵲在天河上搭橋，牛郎和織女相會一次。從此，牛郎和他的兒女就住在了天上，隔著一條天河，和織女遙遙相望。

牛郎和織女鵲橋相會的美麗傳說，寄託了古代人們對有情人長相守的一種美好嚮往和願望。

其實，在中國古代的文獻中，牛郎和織女最初是作為兩個星星的名字而出現的。這兩個星名最早見於《詩經．小雅》中的〈大東〉篇，詩中將牛郎稱為牽牛。

古人之所以關注天上的星星，是因為星星在夜空中位置的變化可以用來標農時、記時令，而牽牛、織女兩星則是作為秋天到來的象徵受到古人矚目的。這一點，在中國歷史上第一部曆法《夏小正》中就說得很明白：「七月……初昏，織女正東向。」一句「織女正東向」，蘊含了牛郎和織女七夕會天河這一故事的全部祕密。

到了東漢時期，無名氏創作的《古詩十九首》中，有一首〈迢迢牽牛星〉，描寫了牛郎織女淒美的愛情故事，詩寫道：

迢迢牽牛星，皎皎河漢女。
纖纖擢素手，札札弄機杼。
終日不成章，泣涕零如雨。
河漢清且淺，相去復幾許？
盈盈一水間，脈脈不得語。

從這首詩中可以看出，牽牛、織女已是一對相互傾慕的戀人。

在文字記載中，最早稱牛郎、織女為夫婦的，應是南北朝時期梁代的蕭統編纂

的《文選》，這時「牛郎織女」的故事和七夕相會的情節，已經初具規模了，由天上的兩顆星宿，發展成為夫妻。

但是在古人的想像中，天上的夫婦和人間的夫婦基本上是一樣的，因此，故事中還沒有什麼悲劇色彩。

在東漢應劭編纂的《風俗通義》中有一段記載：

「織女七夕當渡河，使鵲為橋，相傳七日鵲首無故皆髡，因為梁以渡織女也。」

這證明，在當時，不僅牽牛、織女為夫妻之說已被普遍認可，而且他們每年以喜鵲為橋、七夕相會的情節，也在民間廣為流傳，並融入了風俗之中。

隨著時間的流逝，這個故事在繼續豐富和發展。在《荊楚歲時記》中有這樣一段記載：

「天河之東有織女，天帝之子也，年年織杼勞役，織成雲錦天衣。天帝哀其獨處，許配河西牽牛郎，嫁後遂廢織衽。天帝怒，責令歸河東，唯每年七月七日夜一會。」

牛郎織女的故事發展到此，就產生了較大的變化。由於牛郎織女婚後貪圖享樂，「廢織衽」，因而激怒了天帝，受到懲罰。這便帶給故事悲劇氣氛。

那麼，為什麼在後一個傳說中，要加進老牛這個角色，並使牠在故事中發揮了巨大的作用呢？因為牛是農家寶，農民熱愛耕牛，甚至還在耕牛身上寄託著自己的生活理想。

當生活的理想遭到阻礙時，農民容易產生救助於牛的幻想，希望牛發揮神奇的力量，幫助自己度過難關。同時，把動物人格化，也是各種民間傳說經常採用的藝術手法之一。

牛郎織女的故事，反映了古代人民反對封建禮教、追求幸福生活的美好願望，並且對美好愛情的嚮往，追求和崇尚對愛情的忠貞不渝。也讓人們相信幸福的愛情都是來之不易的，也讓人們更加珍惜愛情的難能可貴。

【旁注】

▼《**風土記**》：由西晉周處所編，是記述地方風俗的名著，是中國較早記述地方習俗和風土民情的著作，比另一部同類性質的《荊楚歲時記》要早好多年。此書對於端午、七夕、重陽等等民俗節日，都有重要記敘。《風土記》也應該是宜興歷史上第一部記錄地方風物的書。

▼**王母**：道教女神。天下道教主流全真道祖師，原是掌管災疫和刑罰的大神，後於流傳過程中逐漸女性化與溫和化，而成為慈祥的女神。相傳王母住在崑崙仙島，王母的瑤池蟠桃園，園裡種有蟠桃，食之可長生不老。亦稱為金母、瑤池金母、瑤池聖母、西王母。

▼〈**大東**〉：周代東方諸侯小國怨刺西周王室誅求無已、勞役不息的詩。《毛詩序》曰：「〈大東〉，刺亂也。東國困於役而傷於財，譚大夫作是詩以告病。」歷代傳箋疏注說解，基本上沒有大的出入，肯定這是被征服的東方諸侯國臣民怨刺周王朝統治的詩歌作品。

▼《**風俗通義**》：也叫《風俗通》，東漢泰山太守應劭著。原書三十卷、附錄一卷，後來僅存十卷。該書考論典禮類《白虎通》，糾正流俗類《論衡》，記錄了大量的神話異聞，但作者加上了自己的評議，從而成為研究古代風俗和鬼神崇拜的重要文獻。

【閱讀連結】

牛郎和織女的故事還有很多種說法。相傳，很久以前，牛郎與老牛相依為命。一天，老牛讓牛郎去樹林邊，會看到一位美麗的女子和他結為夫妻，牛郎納悶，但還是去了，事情和老牛說的一樣，他見到了那位美麗的女子，而且他們過上了幸福的日子，並生了兒女。

可是好景不長，老牛交代完事情就死了，織女也被天兵抓走了。於是，牛郎帶著兒女批著牛皮追織女就快追到，王母拿下簪子劃了條天河，他們被隔開了。從此，他們天天隔河想望啼泣，以淚洗面，感動了王母娘娘，於是允許他們每年七月七日相會一次。相會時，由喜鵲為他們架橋。

孟姜女為情郎哭斷長城

傳說在秦滅六國之後，實現了中原的統一，但是北方匈奴的勢力還很強。為了維護統一，鞏固新生政權，秦始皇開始修築長城，以阻擋匈奴鐵騎的入侵，保護北方邊境地區人民的生命財產安全。

長城是個浩大的工程，需要大量的人力、物力和財力。據記載，秦始皇使用了近百萬勞動力修築長城，占全國總人口的二十分之一。當時沒有任何機械，全部勞動都由人力完成，工作環境又是崇山峻嶺、峭壁深壑，十分艱難。於是民間就流傳出了孟姜女哭長城的故事。

據傳說，秦始皇為了防止匈奴人南掠，徵調全國青壯勞力，加緊修築長城。在被徵調的人當中，范喜良就是其中的一個。

為了躲避服役，范喜良喬裝改扮，偷偷地逃跑了。他一路勞頓，飢渴難耐，這天恰好路過孟家莊孟父家的後花園，就翻牆到園中稍作歇息，恰好驚動了園中散心的孟姜女。

孟姜女又驚又惱，急忙找來父母。孟父對這個私進自己後花園的人非常生氣，問道：「你是什麼人，怎麼敢私進我的後花園？」

范喜良急忙連連請罪，並向孟父一五一十地訴說了原委，邊說邊向孟氏父女連連告罪。孟姜女見他還算知禮，看上去人也忠厚老實，很是喜歡，一顆芳心暗許。孟父對范喜良也很同情，便留他住了下來。

過了些日子，孟姜女向父親表明心意，孟父心裡也喜歡這個知書達理的年輕人，聽了非常贊同，就對范喜良笑著說道：「你現在到處流落，也無定處，我想招你為婿，你覺得如何？」

范喜良乍聽愣了一下，急忙推辭說：「這可不行呀，我是一個逃命的人，居無定所，只怕會連累小姐。」

可是孟姜女心意已決，非喜良不嫁，范喜良看在眼裡，心裡面早就明白孟姜女的心意，他不忍看她為了自己而傷心，就答應了這門親事。孟父樂得嘴都合不上了，就挑選個吉日，讓他們完婚。

孟家莊有一個無賴，平時喜歡拈花惹草，無所事事，見孟姜女長得如花似玉，就起了歹心，多次上門求親想抱得美人歸，但是孟父堅辭不允，幾次下來，他便懷恨在心，伺機報復。

聽說了孟姜女即將成婚的消息，氣更是不打一處來，急忙派人打聽事情的原委。得知范喜良是逃避壯丁才到孟家莊的消息，便偷偷地到官府去告了密，並親自帶著大隊的官兵前來抓人。

這時的孟家還蒙在鼓裡呢，他們剛剛新婚三天，仍沉浸在新婚喜悅之中，忽然「嘩啦啦」一聲，大門被撞開了，一群官兵衝了進來，不由分說便把范喜良繩捆索

綁，就要把人帶走。孟姜女急忙撲上去，卻被官兵一把推開，眼睜睜看著自己的夫君被官兵帶走了。

從此以後，孟姜女日夜思念自己的夫君，茶不思，飯不想，每天憂傷不已。孟父看著日益憔悴的女兒，心疼地偷偷抹眼淚。

轉眼間，冬天到來了，刺骨的寒風呼呼作響，接著又便大雪紛紛，天寒地凍。一天夜裡，孟姜女夢見范喜良身穿單薄的衣衫，在寒風中凍得瑟瑟發抖，滿眼乞求地望著孟姜女。醒來之後，望著皚皚白雪，想著自己的丈夫修長城，天寒地凍，無衣禦寒，便日夜趕著縫製了一件棉衣。

孟姜女做好了棉衣，天剛濛濛亮就告別了父母，千里迢迢踏上了為夫送棉衣的路程。

孟姜女一路上跋山涉水，風餐露宿，更不知飢渴、勞累，只知道晝夜不停地往前趕，心裡卻只想著和夫君團圓的甜蜜。

這一天，孟姜女終於來到了長城腳下。她看到民夫數以萬計，可是就是望不見自己的夫君。孟姜女逢人便打聽，有個好心的民夫告訴她，說范喜良早就因為過度勞累而去世了，而且被埋在長城裡築牆了。

孟姜女一聽，心如刀絞，便求好心的民夫引路來到范喜良被埋葬的長城下。她坐在城下，悲憤交加。想到自己千里尋夫送寒衣，歷盡千難萬險，到頭來連丈夫的屍骨都找不到，柔腸寸斷，放聲悲哭。

孟姜女對著城牆晝夜痛哭，不飲不食，如啼血杜鵑，望月子規。這一哭感天動地，白雲為之停步，百鳥為之噤聲。哭了是十天十夜，忽聽「轟隆隆」一陣山響，一時間地動山搖，飛沙走石，長城崩倒了八百里，這才露出范喜良的屍骨。

這事驚動了秦始皇。秦始皇大怒，下令把孟姜女抓來。秦始皇一見她生的貌美如花，便欲納她為正宮娘娘。

孟姜女怒視著秦始皇，說：「要我做你的娘娘，得先依我三件事：一要造長橋一座，十里長，十里闊；二要十里方山造墳墩；三要萬歲披麻戴孝到我丈夫墳前親自祭奠。」秦始皇想了想便答應了。沒過幾天，長橋墳墩已全都造好，秦始皇身穿麻衣，排駕起行，過長城上長橋，過了長橋來到墳前祭奠。祭畢，便要孟姜女隨他回宮。孟姜女冷笑一聲道：「你昏庸殘暴，害盡天下黎民，如今又害死我夫，我豈能做你的娘娘，妄想！」

說完，孟姜女便懷抱丈夫的遺骨，跳入了波濤洶湧的大海。一時間，浪潮滾

滾，排空擊岸，好像在為孟姜女悲嘆。

孟姜女的故事來自《左傳．襄公二十三年》中的齊國武將杞梁的妻子，無名無姓，史稱為杞梁妻，書中記載：

「齊侯歸，遇杞梁之妻於郊，使吊之。辭曰：『殖之有罪，何辱命焉？若免於罪，猶有先人之敝廬在，下妾不得與郊吊。』齊侯吊諸其室。」

就是說杞梁之妻要求齊侯在宗室正式弔唁杞梁。其中既沒有哭，也沒有長城或者城牆，更無城崩、投水等情節。

「哭」的情節早在《禮記．檀弓》記曾子提到「杞梁死焉，其妻迎其柩於路，而哭之哀」。劉向的《說苑．善說篇》加上「崩城」的內容，接著劉向在《列女傳》中又加上「投淄水」的情節。

一些詩詞也有對杞梁妻的描述。三國時曹植在〈黃初六年令〉中說「杞妻哭梁，山為之崩」。敦煌石窟發現的隋唐樂府中有「送衣之曲」，增加了送寒衣的內容。

唐代貫休的詩作〈杞梁妻〉首次將故事時間移動到秦代，並將「崩城」變成「崩長城」：

「秦之無道兮四海枯，築長城兮遮北胡。築人築土一萬里，杞梁貞婦啼嗚嗚。上無父兮中無夫，下無子兮孤復孤。一號城崩塞色苦，再號杞梁骨出土。疲魂飢魄相逐歸，陌上少年莫相非。」

這時的內容和後來的傳說故事已經差不多了。杞梁後來訛化成萬喜良或范喜良，其妻成為孟姜女。

從元代開始，孟姜女的故事被搬上舞臺，成為眾所周知的一大民間的傳說。

隨著孟姜女故事的流傳，各地興起了建廟潮。孟姜女最早的廟建於北宋時期，河北徐水和陝西銅川都發現北宋祥符年間和嘉慶年間重修姜女廟的碑刻。

孟姜女的故事不僅流傳的時間漫長，受其影響的地域也十分廣泛。不同的地方根據當地的民俗和民眾的不同興趣取向，對這個故事進行了各種改造，使孟姜女的傳說具有了鮮明的地域色彩。

許多方志都把孟姜女說成是本地人，臨淄、同官、安肅、山海關和潼關都有孟姜女的墓塚。清末上海拓建馬路時，曾於老北門城腳挖出一石棺，中臥一石像，胸有「萬杞梁」三字，是明嘉靖年間上海建城時所埋。

孟姜女和范喜良，是古代勞動人民在承受徭役中塑造出來的兩個典型人物。南宋名臣文天祥曾經在孟姜女塑像旁書寫楹聯：「秦皇安在哉，萬里長城築怨；姜女未亡也，千秋片石銘貞。」這當是中允之論。

【旁注】

▼**秦始皇**：（西元前二五九至前二一〇年），嬴政，中國歷史上著名的政治家、策略家、改革家，統一六國，為建立專制主義中央集權制度開創了新局面，對世界歷史產生了深遠影響。他被明代思想家李贄譽為「千古一帝」。

▼**壯丁**：年壯的男子，指服勞役的民丁或到達當兵年齡的人，即壯勞力，是用於田間勞作的人們的稱謂。壯丁最早產生於清代，是隨著旗地王田的產生而產生的。旗地王田是社會由奴隸制向封建制轉化的過渡時期所特有的土地占有形式。

▼**披麻戴孝**：指長輩去世，子孫身披麻布服，頭上戴白，表示哀悼。披麻戴孝涉及傳統文化中的喪服制度。西晉定律第一次把「五服」制度納入法典之中。根據血緣親疏遠近的不同規定了五種不同的喪服，服制分為斬衰、齊衰、大功、

小功和緦麻。

▼《**禮記**》：中國古代一部重要的典章制度書籍，儒家經典之一。《禮記》內容是西漢戴聖對秦漢以前各種禮儀著作加以輯錄，編纂而成，共四十九篇，由西漢禮學家戴德的姪子戴聖編著，從解說經文的著作逐漸成為經典，到唐代被列為「九經」之一，全書共有一千兩百五十個小故事，在宋代被列入「十三經」之中。

▼**曹植**：（西元一九二至二三二年），字子建，沛國譙人，生前曾為陳王，去世後謚號「思」，因此又稱陳思王。曹植是三國時期曹魏著名文學家，建安文學的代表人物。其代表作有〈洛神賦〉、〈白馬篇〉、〈七哀詩〉等。後人因其文學上的造詣而將他與曹操、曹丕合稱為「三曹」。

▼**方志**：記述地方情況的史志。有全國性的總志和地方性的州郡府縣制兩類。總志如《山海經》、《大清一統志》。以省為單位的方志稱「通志」，如《山西通志》，元以後著名的鄉鎮、寺觀、山川也多有志，如《南潯志》、《靈隱寺志》。方志分門別類，取材宏富，是研究歷史及歷史地理的重要資料。

【閱讀連結】

山海關一直都被後人認為是「孟姜女哭長城」之地，並在那裡蓋了孟姜女廟，南來北往的人們常在這兒憑弔。廟中有楹聯這樣說：「秦皇安在哉，萬里長城築怨；姜女未亡也，千秋片石銘貞。」為南宋名臣文天祥遺跡。

廟東南四千公尺處兩塊露出海面的礁石，據說是孟姜女的墳與碑，廟後巨石上的小坑，為孟姜女望夫所踏足跡。所以石上刻有「望夫石」三個大字。廟內殿門兩側還有一副非常有名的對聯「海水朝朝朝朝朝朝朝落，浮雲長長長長長長長消。」「朝」、「長」兩字按漢字不同讀音才能讀出有幾種不同的意義。

孝行感天的董永配天仙

漢代時，在湖北孝感有一個聞名的孝子，姓董名永，他的家境非常貧困，父親還身患重病，不久之後就撒手人寰了。父親去世後，董永無錢辦喪事，只好以身作價向地主借錢，埋葬父親。

喪事辦完後，董永為了儘早還錢，就去地主家做工。在去地主家的半路上，董永遇到一位美貌的女子，要董永娶她為妻。

董永想到自己家貧如洗，還欠地主的錢，就死活不答應。誰知那女子左攔右阻，說她不愛錢財，只愛他人品好。董永無奈，只好帶她去地主家幫忙。

那女子心靈手巧，織布如飛。她晝夜不停地工作，僅用了一個月的時間，就織了三百尺的細絹，幫助董永還清了地主的債務。在他們回家的路上，走到一棵槐樹下時，那女子便辭別了董永。

正所謂「百行孝為先」，董永身為一個普普通通的農民，他的事父至孝的故事，被人們當作典範。而在流傳過程中，董永故事也隨之發生了明顯的變化，漸漸由孝子故事演變為愛情故事，在民間廣泛流傳，並逐步趨於完善。這個民間故事的演變，反映了人們豐富的思想感情。

相傳董永的父親為董秀，會打鐵鑄造、木工製作，住在武陟大董村。後來大董村被沁河沖毀後，就遷到小董村。在很小的時候，董永的母親不願受惡人欺壓自盡而死。董秀只好擔著一根扁擔，挑著董永和行李，逃難到山西高平，打鐵為生。董秀手藝好，為人忠厚，很受當地人歡迎。

在高平住了幾年，董秀還給董永找了繼母，母子感情也親如骨肉，後來一家人搬到長安居住。西漢末年，王莽繼位，長安動盪不安，董秀又生了病，於是就萌生了歸意，攜帶妻兒回到武陟小董村，一年以後病故。

當時董永才十二歲，心裡非常悲慟。村民們見他們家太窮，願意出力幫他把父親埋了。董永非常孝順，說父親當了一輩子木匠、鐵匠，死了連口棺材都沒有，做兒子的寧可自己當推磨工，也要買棺木給父親下葬，奉養繼母。

從小董村往東有個付村，村裡有個財主，人稱付員外，在小董集鎮上有商號。經商號老闆說合，付員外買棺材幫董永埋葬了父親，董永便到付家終身為奴，當推磨工。

從此，每天天不亮，董永就起身往付村做工，晚上提著飯罐回家照顧繼母，時間久了，在田間走出一條小路。

種田人雖愛惜土地，但因為董永行孝，很受感動，就把董永走的小路保留下來。就連小路上的小草也被感動了，早上向東倒，晚上向西倒，不絆董永的腳。

董永的故事越傳越遠，感動了朝廷，感動了上天，並感動了王母娘娘的一個女兒七仙女。七仙女在下凡村的落仙臺處下凡後，便在董永回家的路上與他在槐蔭寺的一棵大槐樹下相遇，七仙女說無家可歸，要與董永成親。

董永說自己賣身為奴，娶不起老婆，說不敢相攀。但七仙女說願意跟他受貧寒，便以槐樹為媒，土地為證。董永不信，除非土地爺現身作證，老槐樹開口說話。

於是老槐樹開口說他們是前生姻緣，當他們的媒人，董永和七仙女便在槐樹下成親。

聽說七仙女要為董永贖身，付員外百般刁難，給她亂絲，讓她在三日之內織出黃綾百匹。

七仙女大顯神通，一夜之間織好了一百匹花團錦簇的黃綾，三天就織出三百匹。從此，換得了董永的自由，過起了男耕女織的幸福日子。

沒過多久，玉帝發現七仙女下凡，就差天兵天將把她追回天庭，如有違命，就將董永碎屍萬段。

七仙女不忍丈夫無辜受害，只得將自己的來歷向董永說明，並在槐蔭樹上刻下「天上人間心一條」的誓言，懷著依依不捨的心情，返回天庭。

這個故事承載了人們太多無法實現的人生夢想，所以魅力無窮，長盛不衰，永

遠都是那麼深入人心。

雖然「董永與七仙女」故事傳說的原生結構並沒有改變，但故事情節、人物形象甚至思想內涵都在不斷地豐富和創新。

孝感地區流傳的董永與七仙女的傳說，在孝感深深扎根，發育成熟，堪稱優秀的民間口頭語言藝術作品。透過說唱、戲曲等多種樣式的藝術創造走向全國，產生了廣泛而深遠的影響。它既是孝文化的集中展現，又是神奇幻想同人間現實巧妙融合的優美藝術作品。蘊涵著中國各個歷史時期的社會經濟、政治、文化等方面的訊息，具有珍貴的歷史研究價值。

董永與七仙女故事傳說，千百年來深受人民群眾喜愛，可謂家喻戶曉，是廣為流傳的著名民間傳說之一，在國外也有一定影響。它不僅展現了孝行這一傳統美德，也反映了人們對愛情的渴望，對婚姻自由的追求。這個美麗的傳說將流傳千秋萬代。

【旁注】

▼**王莽**：（西元前四十五至二十三年），字巨君，中國歷史上新朝的建立者，即新始祖，也稱建興帝或新帝，八年十二月，王莽代漢建新，建元「始建國」，

宣布推行新政，史稱「王莽改制」。王莽共在位十六年，卒年六十九歲，而新朝也成為中國歷史上很短命的朝代之一。

▼**戲曲**：指中國傳統的戲劇。戲曲的內涵包括唱唸做打，從三百六十多個戲曲劇種中脫穎而出的京劇、豫劇、越劇，綜合了對白、音樂、歌唱、舞蹈、武術和雜技以及藝術表演等多種表演方式，被官方和戲迷友人們譽為戲曲三鼎甲。

【閱讀連結】

明代人所編的一部載錄宋元舊話本的小說集《清平山堂話本》中，保存著一篇完整的話本小說〈董永遇仙傳〉。

〈董永遇仙傳〉中說，董永的兒子董仲舒為了尋母，道士嚴君平指點道：「難得這般孝心。我與你說，可到七月七日，你母親同眾仙女下凡太白山中採藥，那第七位穿黃的便是。」董永所遇的仙女第一次成了「七仙女」。從此之後，明清以來的各種地方戲中，董永所遇的仙女都叫七仙女了。

梁山伯與祝英臺化蝶雙飛

相傳那是在東晉時期，浙江上虞有一個民風淳樸的小村莊，名叫祝家莊。祝家莊有一個女子叫祝英臺，她生得聰明又美麗，不但會繡花剪鳳，還喜歡寫字讀書。

祝英臺長到十五歲的時候，就一心想到外地的私塾裡去讀書。於是，她就假扮成男子，丫鬟扮作書僮挑著書箱，離開家求學去了。

在趕路的途中，祝英臺和丫鬟感覺有點累了，就來到路旁小亭子裡休息。這時，路上走來一個書生和一個書僮，也到亭子來歇腳。他們互相問候，祝英臺才知道這位書生叫梁山伯，也是到學館求學的。

祝英臺和梁山伯談得十分投機，大有相見恨晚之意。於是，兩個人在亭子裡結拜成兄弟，梁山伯比祝英臺大兩歲，於是祝英臺稱梁山伯為兄，梁山伯稱祝英臺為弟，隨後幾個人便高高興興地一同上路了。

祝英臺和梁山伯來到學館，拜見了老師。老師見到這兩位聰明英俊的少年來求學，很是高興，把他們兩個安排同桌讀書。

一開始，老師和同學一直沒有發現祝英臺是女兒身。可是祝英臺女扮男裝的事，早被細心的師母看出來了。師母把祝英臺叫到跟前，說破了真相，祝英臺要求師母保守祕密，師母答應了，並對這個聰明的女孩子更加細心關照。而祝英臺有什麼難處和心事，也都來對師母講。

時間飛逝，一晃三年就過去了。一天，祝英臺接到家信，說她的父親病了，要她趕緊回去。祝英臺向老師請了假，又來找師母。說她和梁山伯同學三年，梁山伯為人誠懇熱情，學習勤奮，她已經深深愛上了他。她把一個玉扇墜交給師母，託師母作媒，等她走後，替她向梁山伯提親。

祝英臺將啟程回家的時候，梁山伯一定要親自送她。他們兩人一路上相依相隨，總是不願意分手。祝英臺要向梁山伯表露自己的情意，又不好意思直說，就只好打許多比方來暗示梁山伯。

他們兩人走到河邊，看到河裡有一對鵝，祝英臺就唱道：「前面來到一條河，河裡游著一對鵝，公鵝就在前面游，母鵝後面叫哥哥。」

老實厚道的梁山伯沒有聽懂她的意思，祝英臺只好無奈地繼續往前走。途中祝英臺又唱了好幾首比喻男女愛情的歌，但是梁山伯還是沒有明白。祝英臺開玩笑說：「你真是一隻呆頭鵝！」

祝英臺又指著池塘裡的一對鴛鴦唱道：「青青荷葉清水塘，鴛鴦成對又成雙，祝英臺若是紅妝女，梁兄啊，你願不願意『配鴛鴦』？」

梁山伯嘆了一口氣說：「可惜妳不是女紅妝啊！」祝英臺見梁山伯還是不明白，便說：「我家有個九妹，我和她是雙胞胎，長得和我一模一樣，我願作媒，讓九妹和你結為夫妻，你願意嗎？」梁山伯本來就很愛祝英臺的才貌，一聽說九妹和她生得一模一樣，就高興地答應了。

梁山伯和祝英臺兩人相送了十八里，來到江邊，才戀戀不捨地分手了。臨別的時候，祝英臺和梁山伯約定在七月七日到祝家相親。梁山伯望著江對岸祝英臺的身影越來越遠，漸漸地看不見了。

等祝英臺千里迢迢回到家裡，父親的病早就好了，他讓祝英臺換成女孩子的裝束，不讓她再外出讀書了。這時，恰巧有一家姓馬的大財主來求親，父親就把祝英臺許配給馬家的兒子。

祝英臺知道後，堅決不答應這門親事，她對父親說自己已愛上了梁山伯，並且託了師母做媒。可是父親反對說：「從來兒女的婚姻都是由父母做主的，女孩子自己在外面找男人，像什麼話？」不由分說，硬要祝英臺嫁給馬家的公子。

梁山伯自從那天送別祝英臺後，回到學館，繼續用心讀書，竟把七月七日去祝家提親的事忘得一乾二淨。直到師母拿著玉扇墜來，說明祝英臺託她提親的事，梁山伯才恍然大悟，知道了祝英臺原來是個女的，她說的九妹就是祝英臺自己！梁山伯立刻向老師請了假，趕到祝家去和祝英臺會面。

梁山伯來到祝英臺家裡，看見祝英臺完全恢復了女子打扮，顯得更加美麗可愛。他說出師母替他們提親的事，哪知祝英臺一聽這話就大哭起來，她說：「梁兄啊，你為什麼這麼晚才來呀？我父親已經硬逼把我許配給馬家了！」

梁山伯一聽，兩人就抱頭痛哭起來，他們互相發誓，無論誰也不能破壞他們之間深厚的愛情，兩個人要永遠在一起。

他們的哭聲被祝英臺的父親聽見了，祝員外怒氣沖天地跑上樓來，把梁山伯趕出家門，將祝英臺嚴加看管起來。

梁山伯回到家裡，因為想念祝英臺，茶不思飯不想，很快就病倒了，病情越來越重，不久就離開了人間。臨終之前，他告訴家裡的人，他死後要把他埋在從祝家通往馬家的路邊。

很快，馬家迎親的日子就到了，花轎抬到了祝家的門口，吹吹打打好熱鬧。可

是祝英臺卻哭哭啼啼，怎麼也不願意上轎。在她父親的命令之下，硬把祝英臺推進轎子抬走了。

花轎抬到半路上，忽然來了一陣大風，吹得抬轎人走不動了。這時丫鬟告訴祝英臺，前面就是梁山伯的墳墓。祝英臺不顧別人的阻攔，走出轎來，一定要到梁山伯的墓前去祭悼。

祝英臺來到梁山伯的墓前，放聲大哭，痛不欲生，全身撲到墳上，哭拜亡靈，結果因過度悲傷，痛心而死。祝英臺去世後，就葬在梁山伯的墓地東側。

人們無不為梁山伯和祝英臺的真摯愛情所感動，就將他們故事口耳相傳。而在傳播的過程中，故事情節又發生了很多的變化。

傳說，當祝英臺來到梁山伯的墓前，放聲大哭的時候，霎時間，天地間電閃雷鳴，風雨大作，墳墓忽然裂開一條大縫，祝英臺喊著梁山伯的名字，一下子就跳進墳裡去了。

沒過多久，雨停了，雲開了，天空出現了一道彩虹。只見一對美麗的蝴蝶從墳頭上飛起來，繞著墳頭翩翩起舞，飛向了自由的天空，所經之處，花兒漫天開放。人們都說，這對蝴蝶就是梁山伯和祝英臺變化而成的。

「梁祝」的傳說已經耳熟能詳，不僅版本很多，而且流傳到國外。五代十國至宋代時期，唐代著名詩人羅鄴的七律詩〈蛺蝶〉，已被高麗王國時的人輯入了《十抄詩》，其中有「俗說義妻衣化狀」的詩句，指的就是梁祝的故事，並且衣化為蝶。

到宋代，高麗人編輯的《夾注名賢十抄詩》，不但收入了羅鄴的〈蛺蝶〉詩，而且在注釋中加上了一段《梁山伯祝英臺傳》。這是目前看到的最早流傳到國外的梁祝故事，而且從「女扮男裝」到衣裳「片片化為蝴蝶子」，比較全面完整地敘述了梁祝傳奇故事。可見，梁祝文化早已走向世界，歷史久遠。

梁祝故事在民間流傳已有一千多年，可謂是家喻戶曉，流傳深遠，被譽為愛情的千古絕唱。自古以來，有無數人被梁山伯與祝英臺的悲慘愛情所感動。

梁祝傳說是中國最具魅力的口頭傳承藝術，也是唯一在世界上產生廣泛影響的漢族民間傳說。它是民間文化的沉澱，代表了人民大眾的心聲，反映了古代人們對自由美好生活的嚮往，對婚姻自由的追求。從古到今，有無數人被梁山伯與祝英臺的悲慘愛情所感動。

【旁注】

▼**私塾**：是中國古代社會一種開設於家庭、宗族或鄉村內部的民間幼兒教育機構。它是舊時私人所辦的學校，以儒家思想為中心，它是私學的重要組成部分。

▼**結拜**：雅稱義結金蘭，俗稱結義、換帖、拜把子等，是民間結為兄弟般關係的一種形式。它源於三國時期的「桃園三結義」，劉備、關羽、張飛三人結為生死與共兄弟的故事。後來，人們崇拜之、繼而仿效之。久而久之，遂演變成一種具有人文色彩的禮儀習俗。

▼**提親**：男女雙方到了談婚論嫁之時，男方家長須請媒人向女方家長提親。若得許可，問明對方生肖八字，如生肖相剋則認為無法成婚。八字，即一個人出生的年、月、日、時，天干地支相配之稱。雙方講究經濟條件、社會地位，所謂「門當戶對」。

▼**員外**：員外郎簡稱外郎或員外，通稱副郎。南北朝時簡稱員外散騎侍郎為員外郎，是較高貴的近侍官。隋代始於六部郎中之下設員外郎，以為郎中之助理，

由此延至清代不變。明代以後員外郎成為一種閒職，不再與科舉相關，可以用錢買這個官職。

▼**七律**：即七言律詩的簡稱。每首八句，每句七字，共五十六字。一般逢偶句押平聲韻，一韻到底，當中不換韻。律詩的四聯，各有一個特定的名稱，第一聯叫首聯，第二聯叫頷聯，第三聯叫頸聯，第四聯叫尾聯。

【閱讀連結】

關於梁山伯和祝英臺，還有一種傳說。在晉代，梁山伯與祝英臺同窗三年，卻未能看出祝英臺是女兒身，後來祝英臺被許配馬家。梁山伯求婚不成，一病不起，臨死前，要求家人把自己葬在祝英臺婚轎經過的路邊，讓自己看到祝英臺出嫁。祝英臺得知後，身穿孝服出嫁，轎子經過梁山伯墳時，下轎拜祭撞死在柳樹前。

寧波傳說：梁山伯是晉代鄞州縣令，是個清廉的好官，由於得罪了權貴，被殘害致死，老百姓為他修了一座大墓。而祝英臺是明代來自上虞的俠女，劫富濟貧，後來被權貴殺害。當地老百姓為了紀念他們，就把兩個人合葬在了一起。

聰慧善良的歌仙劉三姐

那是在唐代時，廣西柳江流域有一個優秀的民歌手，她叫劉三姐。她有著出口成歌的本領，而且人長得也非常漂亮，天生麗質又聰明，什麼都不用學，一看就會。

劉三姐十七歲這年，在對歌的時候認識了一位青年，這位英俊的男子，也是一個唱歌能手，在對歌當中，兩人情投意合，互相愛慕，於是就私定終身。

村裡的一個惡霸對劉三姐垂涎多時，見劉三姐與男子情投意合，大發雷霆，決意把劉三姐搶到手。

一天晚上，劉三姐正和男子坐在柳河邊的岩石上看月亮，傾訴衷腸。忽然火把晃動，人聲鼎沸，原來是惡霸來搶人了。劉三姐和男子望向無路可走的山，又望向柳河，兩人手拉著手雙雙跳進柳河那滾滾的波濤裡。

人們為了懷念劉三姐這個民間歌手，也為他們的愛情所感動，於是，關於劉三姐的傳說故事就在廣西各族人民中間流傳開來。

相傳，壯族女子劉三姐，自幼父母雙亡，靠哥哥劉二撫養，兩人以打柴、捕魚為生，相依為命。劉三姐不但勤勞聰明，紡紗織布是眾人誇讚的巧手，而且容貌絕倫。尤其擅長唱山歌，故遠近歌手經常聚集其村，爭相與她對歌、學歌。

劉三姐常用山歌唱出窮人的心聲和不平，故而觸犯了土豪劣紳的利益。當地財主莫懷仁貪其美貌，欲占為妾，遭到她的拒絕和奚落，便懷恨在心。

莫懷仁企圖禁歌，又被劉三姐用山歌駁得理屈詞窮，他又請來三個秀才與劉三姐對歌，又被劉三姐等弄得醜態百出，大敗而歸。莫懷仁惱羞成怒，不惜耗費家財去勾結官府，咬牙切齒把劉三姐置於死地而後快。

為了免遭毒手，劉三姐和哥哥在眾鄉親的幫助下逃到柳州，在小龍潭村邊的立魚峰東麓小岩洞居住。

哥哥劉二怕劉三姐又唱歌再招惹是非，便想方設法阻止。一天，他從河邊撿回一塊又圓又厚的鵝卵石丟給劉三姐，說：「三妹，用妳的手帕角在石頭中間鑽個洞，把手帕穿過去，若穿不過去就不準妳出去唱歌。」

哥哥劉二心想：「管妳是凡人也好，神仙也好，為兄一言既出，絕不更改！這一招夠厲害了，我就不信還難不倒妳！」

劉三姐看著哥哥，不敢據理爭辯，就拾起丟在面前的石頭，心中暗想：「我又

不是神仙，手帕角怎能穿得過去？」她下意識地試穿，並唱道：「哥發癲，拿塊石頭給妹穿；軟布穿石怎得過？除非凡妹變神仙！」

誰料劉三姐淒切婉轉的歌聲直上霄漢，傳到了天宮七仙女的耳裡。七仙女非常感動，恐劉三姐從此歌斷失傳，於是施展仙術，從髮上取下一根髮簪向劉三姐手中的石塊射去，不偏不倚，把石頭穿了一個圓圓的洞。

劉三姐無意中見手帕穿過石頭，心中暗喜，張開甜潤的嗓子：「哎……穿呀穿，柔能克剛好心歡，歌似滔滔柳江水，源遠流長永不斷！」

從此，劉三姐的歌聲又響在立魚峰的山頂、樹梢，慕名來學歌對歌的人更多了。

後來，劉三姐在柳州的蹤跡被莫懷仁發現。他又用重金買通官府，派出眾多官兵將立魚峰團團圍住，來勢洶洶，要捉殺劉三姐。

小龍潭村及附近的鄉親聞訊，手執鋤頭棍棒紛紛趕來，為救劉三姐而與官兵搏鬥。劉三姐不忍心使鄉親流血和受牽連，毅然從山上跳入小龍潭中。

正當劉劉三姐縱身一跳的時候，頓時狂風大作，天昏地暗。隨著一道紅光，一條金色的大鯉魚從小龍潭中沖出，把劉三姐馱住，飛上雲霄。劉三姐就這樣騎著魚上天，到天宮成了歌仙。

劉三姐是壯族民間傳說人物。其傳說最早見於南宋王象之的地理學名著《輿地紀勝》卷九十八〈三妹山〉。明清以來，關於她的傳說與歌謠文獻記載很多。壯族民間口耳相傳的故事與歌謠更為豐富

明末清初著名詩人屈大均在《廣東新語．劉三妹》中記載：「新興女子有劉三妹者，相傳為始造歌之人。唐中宗年間，年十二，淹通經史，善為歌……今稱『歌仙』。」

關於劉三姐原型身世，說法頗多。據廣西縣誌記載：「劉三姐原來出生在天河縣下里的藍靛村，那裡還有她故居的遺址，藍靛村劉姓的族譜還有記載。藍靛村離羅城的縣城很近，劉三姐常到羅城去唱山歌。」

後來人們為了紀念劉三姐，把三月三日定為「歌仙節」，這是壯族地區最大的歌圩日。歌節期間，嶺南壯鄉四海賓朋雲集，歌如海，人如潮。那不絕於耳的嘹亮歌聲，寄託著人們對歌仙劉三姐的思念和對豐收、對愛情、對幸福美好生活的憧憬和嚮往。

劉三姐不僅被壯族人民稱為自己民族的歌仙，還被廣西其他少數民族稱為歌仙。

她是一個聰明、美麗、勤勞、勇敢的壯族女子，能歌善唱，常以山歌讚美大自然，歌頌勞動，表達勞動人民的意志和願望，所以她贏得了廣大壯族勞動人民的愛戴。

【旁注】

▼**紡紗**：屬於一項非常古老的活動，自史前時代以起，人類便懂得將一些較短的纖維紡成長紗，然後再將其織成布。所謂的紡紗，就是取動物或植物性纖維運用撚紗的方式使其抱合成為一連續性無限延伸的紗線，以便適用於織造使用。

▼**官府**：舊指地方國家行政機關，人們稱官府為衙門，而衙門是由「牙門」轉化而來的。「牙門」是古代軍事用語，是軍旅營門的別稱。古時戰事頻繁，王者打天下，守江山，完全憑藉武力，因此非常器重軍事將領。軍事長官們以此為榮，往往將猛獸的爪、牙置於辦公處。

▼**髮簪**：用來固定和裝飾頭髮的一種首飾。古代髮簪形式繁多，僅以質料上看，就有骨、石、陶、蚌、荊、竹、木、玉、銅、金、象牙、牛角及玳瑁等多種。髮簪有各式各樣的形狀，還愛用花鳥魚蟲、飛禽走獸作簪首形狀。常見的花種有梅花、蓮花、菊花、桃花、牡丹花和芙蓉花等。

▼**屈大均**：（西元一六三〇至一六九六年），明末清初著名學者、詩人，與陳恭尹、梁佩蘭並稱「嶺南三大家」，有「廣東徐霞客」的美稱。字翁山、介子，號萊圃，廣東番禺人。曾與魏耕等進行反清活動。後避禍為僧，中年仍改儒服。詩有李白、屈原的遺風，著作多毀於雍正、乾隆兩朝。

【閱讀連結】

廣西宜山壯族傳說，劉三姐生於唐中宗神龍年間，壯族農家女，年幼聰穎過人，十二歲即出口成章，妙語連珠，以歌代言，名揚壯鄉，被視為「神女」。後曾到附近各地傳歌。慕名前來與她對歌的人絡繹不絕，但短則一日，長則三五天，個個張口結舌，無歌相對，無言以答，羞赧而退。

劉三姐的才華卻遭到流氓惡霸的嫉恨，後被害死於柳州。傳說她後來騎鯉魚上天成了仙。也有的說她在貴縣的西山與白鶴少年對歌七日化而為石。還有的說她為了躲避財主莫懷仁，乘船飄然而去。

白蛇為報恩修煉嫁許仙

那是在五代十國時期，吳越國國君信奉佛教，在不到百年的時間內，在杭州境內興建了一百五十多座寺院與數十座塔幢，一時間僧侶眾多。

其中，建於西湖南岸夕照山的雷峰之上的雷峰塔，是香火最為繁盛的一座寺廟，也是後來「西湖十景」中「雷峰夕照」的所在地，風景異常優美。

後來，吳越國降宋之後，市井鄉野的說書藝人就在雷峰塔的基礎上，充分發揮自己的想像，一步步地衍化出了一個傳奇的故事。

據說，八仙之一的呂洞賓，有一年在西湖的斷橋邊賣湯圓，當時還是幼年的許仙買了一粒湯圓，吞下後三天三夜不想吃東西，不得已只好跑去找呂洞賓。

呂洞賓把年幼的許仙抱上斷橋，抓住他的雙腳倒拎起來，小湯圓就滾下西湖去了。正巧被在斷橋的下面修煉的一條白蛇接在嘴裡。原來白蛇吞的是呂洞賓的仙丸，於是增加了五百年修為，就此也與許仙結下了緣。白蛇幫自己取了個名字，叫白素貞。

白素貞悄悄地降落到西湖蘇堤。她順著蘇堤走去。走到映波橋邊，看見有個老叫花子，手裡拎著一條小青蛇。白素貞覺得牠可憐，就從老叫花子的手裡買下了青蛇。後來，青蛇為了感激白素貞的救命之恩，就和白素貞在西湖住了下來，幫自己取名叫小青。

這年的清明時分，白素貞和小青正在西湖邊欣賞春光，突然下起了傾盆大雨，兩人被淋得無處藏身。正發愁，覺得頭頂多了一把傘，轉身一看，只見一位溫文爾雅、白淨秀氣的年輕書生撐著傘在為她們遮雨。

白素貞和這個書生四目相交，心中歡喜，對彼此產生了愛慕之情。白素貞得知書生就是當年那個有緣人，沒過多久，兩人便結為夫妻，並在鎮江開了一間「保和堂」藥店，過得幸福美滿的日子。

由於保和堂治好了很多很多疑難病症，而且替窮人看病配藥還分文不收，所以藥店的生意越來越好，遠近來找白素貞治病的人越來越多。

那時，在西天有一隻烏龜，每天都躲在如來佛的蓮座底下聽經。乘如來佛講經歇下來打瞌睡那一會，便偷了他的三樣寶貝，金缽、袈裟和青龍禪杖，變成一個和尚並替自己取了個名字叫法海，跑到凡間來了。

一天，法海和尚來到了鎮江金山寺，暗地裡施個妖法，害死了當家老和尚，自

己做起方丈來了。他嫌金山寺香火不旺盛，便在鎮江城裡散布瘟疫，想叫人家到寺裡來燒香許願。

但是，保和堂施的「辟瘟丹」、「驅疫散」很靈驗，瘟疫傳不開來。法海和尚氣得要命，就扮成化緣的頭陀，尋到保和堂藥店來。

法海和尚走到保和堂藥店門前，一打聽，知道保和堂的靈丹妙藥都是白娘子開的方。他再仔細往裡張望，看白娘子那穿著，明白這不是凡人，而是白蛇變的。

正巧這時白素貞上樓。於是，法海敲起木魚，大模大樣地進店裡來，朝許仙合起手掌，說：「施主，你店裡的生意好興隆呀，幫我化個緣吧。七月十五金山寺要做盂蘭盆會，請你結個善緣，到時候來燒炷香，求菩薩保佑你多福多壽，四季平安。」

許仙聽他講得好，就給他一串銅錢，在化緣簿上寫下了自己的名字。法海和尚走出門口。

轉眼七月十五就到了。許仙獨自一人來到金山寺，他剛剛跨進山門，就被法海和尚一把拉到禪房裡，強求許仙拜他為師，離開白娘子。

許仙心想，娘子對我的情義比海還深，如今有了身孕，我怎能丟下她出家做和尚呢！這樣一想，他無論如何也不肯出家。法海和尚見許仙不答應，就把他關了起來。

在保和堂裡，白素貞正焦急地等待許仙回來，久久不見音訊，她心急如焚。後來終於打聽到原來許仙被金山寺的法海和尚留住了，白素貞趕緊帶著小青來到金山寺，苦苦哀求，請法海放回許仙。

法海見了白素貞，一陣冷笑，說道：「大膽妖蛇，我勸妳還是快點離開人間，否則別怪我不客氣了！」白素貞見法海拒絕放人，無奈，只得拔下頭上的金釵，迎風一搖，掀起滔滔大浪，向金山寺直逼過去。

法海眼見水漫金山寺，連忙脫下袈裟，變成一道長堤，攔在寺門外。大水漲一尺，長堤就高一尺，大水漲一丈，長堤就高一丈，任憑波浪再大，也漫不過去。

白素貞有孕在身，實在鬥不過法海，後來，法海使出欺詐的手法，將白素貞收進金鉢，並在南屏淨慈寺前的雷峰頂上造了一座雷峰塔，將金鉢砌進塔中，把白蛇鎮壓在塔下，自己便在淨慈寺裡住下來看守。

《白蛇傳》的故事早期因為以口頭相傳為主，因此派生出不同的版本與細節。有些版本有白蛇產子的情節，有些版本有後來白蛇之子得中狀元、祭塔救母的皆大

歡喜的結局。但這個故事的基本要素，一般認為在南宋就已經具備了。

其實，《白蛇傳》的最早的成型故事記載於明代文學家馮夢龍的《警世通言》第二十八卷〈白娘子永鎮雷峰塔〉。清代初年劇作家黃圖珌的《雷峰塔》，是最早整理創作的戲曲，他只寫到白蛇被鎮壓在雷峰塔下，並沒有產子祭塔就完稿了，一時膾炙人口，流傳吳越間。

一七七一年，清乾隆年間，戲曲家方成培改編了三十四齣的《雷峰塔傳奇》，共分四卷，第一卷從〈初山〉、〈收青〉到〈舟遇〉、〈訂盟〉，第二卷是〈端陽〉、〈求草〉，第三卷有〈謁禪〉、〈水門〉，第四卷從〈斷橋〉到〈祭塔〉收尾。

除了刪除〈描真〉等無關緊要的戲份，方成培還將〈藥賦〉中介紹一百四十五種中藥的劇情刪去，又新增了〈夜話〉、〈端陽〉、〈求草〉、〈斷橋〉等戲，豐富了劇情，大為該戲增色。

清代中期以後，《白蛇傳》成為常演的戲劇，以清同治年間的《菊部群英》來看，當時演出《白蛇傳》是京劇、崑曲雜糅的，但是還是以崑曲為主，同時可以看出，《白蛇傳》中祭塔的情節產生的時代較晚。

白蛇傳說極大地豐富了中國民間文藝的寶庫。它故事離奇，人物生動豐滿，其中的白娘子是中國藝術長廊中一個重要的典型形象。白蛇傳說所反映的南宋以來不同時期的主要社會思想、信仰與價值觀及民族深層心理，有重要的歷史價值。

對於白蛇傳說的發生地杭州而言，白蛇與斷橋、雷峰塔及西湖等自然和文化景觀形成了密不可分的關係，使杭州和西湖都具有了更為豐厚的文化內涵。每逢端午佳節，鎮江有遊覽金山的習俗，參觀白龍洞、法海洞，青年男女跪拜白娘娘，宣誓永遠恩愛。

後世的白蛇傳故事，更展現了人們愛憎分明、善良質樸的美醜觀，而人們也以此為原則，進行白蛇傳故事的創作。從白蛇傳故事中可以看到它的變異性，也可以從白蛇傳故事中看到人們善良的心。

【旁注】

▼**說書**：由最初盲人行乞、謀生的一種手段演變而來的。舊社會，因出「天花」或其他原因致盲的孩子，為謀求生存，父母在他們剛剛懂事的時候，就送他們拜師學書演唱。學成後，就走村串鄉說唱，混一碗飯吃。後來，隨著社會的發展進步，說書逐漸登堂入室，成為人民大眾喜愛的一種民間藝術。

▼**湯圓**：漢族的代表小吃之一，歷史十分悠久。據傳，湯圓起源於宋朝。當時各地興起吃一種新奇食品，即用各種果餌做餡，外面用糯米粉搓成球，煮熟後，吃起來香甜可口，饒有風趣。據說元宵象徵闔家團圓，吃元宵意味新的一年合家幸福、萬事如意。

▼**銅錢**：春秋戰國時期，隨著商品經濟發展，使在流通中要分割和鑑定成色的金屬稱量貨幣逐步被金屬鑄幣所取代。中國歷代古錢幣大多數是以銅合金形式鑄造的，方孔錢是古代錢幣最常見的一種。

▼**《白蛇傳》**：傳說源遠流長，家喻戶曉，是中國四大民間傳說之一。白蛇傳在清代成熟盛行，是民間集體創作的典範。描述的是一個修煉成人形的蛇精與人的曲折愛情故事。表達了人民對男女自由戀愛的讚美嚮往和對封建勢力無理束縛的憎恨。

▼**《警世通言》**：白話短篇小說集。明末馮夢龍纂輯。始刊於西元一六二四年，其題材或來自民間傳說，或來自史傳和唐、宋小說。有些是宋元舊作，有些是明人擬作，故事產生的時代包括宋、元、明三代，和《喻世明言》、《醒世恆言》合稱「三言」，是最重要的中國古代白話短篇小說集之一。

▼**戲劇**：來自於「南戲北劇」的合稱，戲指的是戲文，劇指的是雜劇，是在元代以前在中國南方與北方不同的政局與文化環境下，所形成的不同表演藝術，將兩者合稱則是明代以後才出現的用法。是以語言、動作、舞蹈、音樂、木偶等形式達到敘事目的的舞臺表演藝術的總稱。

【閱讀連結】

在《繡像義妖傳》裡，白娘子是由法海鎮住關在雷峰塔裡，許仙也因此而出家，二十年後白氏之子許夢蛟高中狀元，衣錦還鄉祭母，於是白素貞難滿出塔，全家團圓。此時的許仙還有一些人性。結局是大團圓。而田氏《白蛇傳》裡的結尾是小青修煉成為青蛇大仙，破塔救人。《西湖民間故事．白娘子》中反抗性更強，最後小青勤奮修煉，終於破塔救出白素貞，二人合力將法海這個臭和尚打得逃入了蟹殼裡，成為了蟹殼和尚。

一代有一代的民間文學，由於歷史的發展、時代的變遷、自然環境與社會環境的差異，都對白蛇傳故事產生了不同程度的增補刪減。而且更因為個人記憶的偏差、個體心理機制的差異，對白蛇傳故事的創造產生了更多的變化。

第三章　一方美談——風物傳說

地方風物傳說，是指關於某一地區風俗習慣、自然景觀等的解釋性傳說。這類傳說其地域性十分明顯，很多傳說僅僅為某一地方所特有，但有些故事卻廣泛流傳。

地方風物傳說透過生動的故事情節，對於特定的人文物和自然物的來龍去脈給予說明解釋。它經常運用奇妙的幻想、超自然的形象、神奇變化的手法，把風物介紹、故事、說明解釋三個部分結合在一起，以敘述現實生活的方法進行創作。透過這些藝術加工，便形成了獨具地域特色的民間傳說。

拯救藏族眾生的格薩爾

那是在南北朝時期，在雅礱河谷，藏族先民雅隆部落已由部落聯盟發展成為奴隸制政權，並逐漸將勢力擴展到拉薩河流域。

西元六二九年，吐蕃贊普松贊乾布遷都拉薩，削平內亂，在青藏高原上逐雄爭霸，征服了許多小部落王國，並在大臣祿東贊協助下，正式建立奴隸制國家吐蕃王國，成為青藏高原上的強國之一。

松贊乾布統一了吐蕃全境後，施展宏圖大略，並透過發展生產，創立文字，制定法律，立官制、軍制，使吐蕃社會和藏族人民進入了一個全新的時代。

在這種背景和環境下，藏族人民把自己欽佩敬仰的領袖，把他的超人智慧和力量，以及他的豐功偉績的事蹟傳說，編成詩的形式，在民間口耳相傳，形成了藏民族獨有的英雄史詩〈格薩爾王傳〉。

傳說，在很久很久以前，藏族人民生活在一個十分美麗的地方，人們安居樂業，和睦相處，過著幸福美滿的生活。

突然有一天，晴朗的天空變得陰暗，嫩綠的草原變得枯黃，善良的人們變得邪惡，他們不再和睦相處，也不再相親相愛。霎時間，刀兵四起，烽煙瀰漫。

大慈大悲的觀世音菩薩為了普度眾生出苦海，向阿彌陀佛請求派天神之子下凡降魔。天神的兒子推巴噶瓦發願到藏區做藏人的君王，他就是格薩爾王。

為了拯救藏族眾生的痛苦和不幸，為了弘揚人間善業，格薩爾受天神驅遣，降在人間。他背負的道德使命是：

「教化民眾，使藏區脫離惡道，眾生享受太平安樂的生活。」

格薩爾是一位集神、龍、念三者之菁英為一體的、神人相結合的大智大勇的英

雄。格薩爾降臨塵世後，他的一生並非一帆風順。在他剛降臨人間後，就多次遭到陷害，但由於他本身的力量和諸天神的保護，不僅未遭毒手，反而將害人的妖魔鬼怪殺死。

格薩爾從誕生之日起，就開始為民除害，造福百姓。在格薩爾未滿五歲前，就對雜曲河和金沙江一帶的無形體的鬼神做了許多降伏、規勸、收管等數不勝數的好事，讓百姓安居樂業，過上幸福安寧的生活。

在格薩爾五歲時，陰險毒辣的叔父晁通開始迫害他和他的母親，父親和嶺國百姓也對他產生誤解，最後被驅逐到最偏遠、最貧窮的瑪麥地方，生活貧困，處境艱險。即使如此，他仍不氣餒，始終牢記自己所肩負的道德使命，總是千方百計地為故鄉的人們謀利益。

後來，格薩爾返回嶺國參加賽馬大會，他未來的岳父代表嶺國百姓向他致祝辭，希望他成為一個專門鎮壓邪鬼惡魔的人，希望他做一個揚棄不善的國王。

格薩爾不負眾望，當他賽馬成功、登上嶺國國王寶座後，立即向嶺國百姓莊嚴宣稱：「我是雄獅大王格薩爾，我要抑暴扶弱除民苦；我是黑色惡魔的死對頭，我是黃色霍爾的制服者；我要革除不善之國王，我要鎮壓殘暴和強梁！」

格薩爾知道光靠決心不用武力是解絕不了問題的。因此他說：「那危害百姓的黑色妖魔，若不用武力去討伐，則無幸福與和平。」

格薩爾一生先後用武力降服了魯贊、白帳、薩當和辛赤四大魔王，並征服了數十個魔國與敵國，用他那非凡的神威和超人的智慧，消滅、制服和收降了數不勝數的妖魔鬼怪，忠實地實踐了他曾經立下的「降伏妖魔、造福百姓，抑強扶弱、除暴安良」的道德誓言。

當功成名就，一切都如願以償時，格薩爾就辭別人間，返歸天界。他就是這樣，用他堅定的道德信念和切實的道德實踐，保衛了嶺國的國土，帶給嶺國人民幸福和安寧的生活。

格薩爾理所當然地受到了「雪域之邦」的「黑髮藏民」們的愛戴和熱烈擁護，成為藏區人民心目中光輝奪目、光彩照人的理想人格典範，被人們敬稱為是「制服殘暴者的鐵錘，拯救弱小者的父母」。甚至連魔國的百姓也因格薩爾替他們消滅了妖魔、除卻了苦難而對他感恩戴德。

〈格薩爾王傳〉史詩在產生之前，在藏族民間，就已經流傳著格薩爾或類似格薩爾的英雄故事和歌謠。後來，經過僧人們的整理，把民間長期累積的豐富的歌謠

和英雄故事，整理剪裁和布局，才形成了有完整的內容和嚴謹的結構，在藏族民間藝人中長期口耳相傳的長篇英雄史詩。

格薩爾王這一英雄人物的原型，取自吐蕃王朝特定歷史階段，各個時期的傑出人物的各個側面。他是活躍在青藏高原，並與周圍各國、各民族有緊密連繫的天之驕子們的典型代表，是一個虛構的人物。

在民間流傳將近一千年的時間裡，〈格薩爾王傳〉這部史詩不斷被不同時代、不同觀點的人們的修改和增補。格薩爾王也逐漸在藏族人民心目中成為一位降妖伏魔、造福人民的民族英雄。

格薩爾王是真、善、美高度統一的藝術典型形象，是藏族人民世世代代不畏強權、勇於抗爭、勇於勝利、懲惡揚善、追求幸福美好生活，崇拜勇敢尚武剛性精神的集中代表。這部史詩也展現了人民要求和平統一、社會安定、眾生幸福的美好願望。

格薩爾王是古代高原社會生活的生動寫照，是藏族人民集體智慧的結晶，也是藏族民間文化的傑出代表。

【旁注】

▼**松贊乾布**：（西元六一七至六五〇年），吐蕃王朝第三十三任贊普，是實際上吐蕃王朝的立國之君。《新唐書》等漢文史籍中名為「棄宗弄贊」、「器宗弄贊」、「棄蘇農贊」等。在位期間，從大唐和天竺引入佛教，從大唐引入科學技術以及曆法，確立了吐蕃的政治、文化、軍事、經濟、法律等制度。

▼**藏族**：自稱「博」，並因地區的不同，有不同的稱謂。西藏東部和四川西部稱為「康巴」，西藏北部及四川西部、甘南、青海稱為「安多娃」，統稱「博巴」。「巴」、「娃」，藏語意為「人」。藏族的先民很早就活動在雅魯藏布江流域中游地區。

▼**史詩**：敘述英雄傳說或重大歷史事件的敘事長詩。史詩是一種莊嚴的文學體裁，內容為民間傳說或歌頌英雄功績的長篇敘事詩，它涉及的主題可以包括歷史事件、民族、宗教或傳說。史詩有兩種：一是傳統史詩，即英雄史詩，又稱原始史詩或民間史詩；二是文學史詩，即文人史詩，又稱非原始史詩。

【閱讀連結】

在藏族民間認為，格薩爾王是藏傳佛教祖師蓮花生大師的化身。一生戎馬，揚善抑惡，弘揚佛法，傳播文化，成為藏族人民引以為自豪的曠世英雄。他一生降妖伏魔，除暴安良，南征北戰，統一了大小一百五十多個部落，嶺國領土始歸一統。

史詩英雄格薩爾王生於西元一〇三八年，去世於西元一一一九年。格薩爾王去世後，嶺蔥家族將都城森周達澤宗改為家廟，其顯威迭事和赫赫功績昭示後人不斷。一七九〇年，嶺蔥土司翁青曲加在今阿須的熊壩協蘇雅給康多修建了「格薩爾王廟」。

孔雀公主與傣族王子

那是在唐代的時候，在遙遠美麗的西雙版納，世代生活的傣族人，把本民族崇拜的孔雀演繹成了一個感人的孔雀公主的故事。傣族崇拜孔雀，認為孔雀是「百鳥之王」，是吉祥、善良、美麗、華貴的象徵。

傳說，那是在遠古時代，奔流不息的瀾滄江邊，盛開著一百零一朵花，茫茫的大森林裡，有一百零一個國家。在這一百零一個國家中，最美麗、最富饒和治理得最好的是勐董板這個地方，也就是人人都嚮往的孔雀國。

孔雀國位於茫茫森林邊緣，那裡的山最綠，水最清，花最香，人也長得最漂亮，並且每個人都有一件孔雀羽衣，穿在身上便可以飛。在這個國度裡，大人知書達理，小孩天真活潑，村村寨寨和睦相處，官家百姓都以善待人。

孔雀國的國王和王后是兩位慈祥的老人，他們共同生育了七個女兒，被稱為孔雀七公主。孔雀七公主每隔七天，她們便要告別父母，飛到金湖裡洗一次澡。她們每次飛到這金湖裡洗澡，都十分快樂，總想多玩一陣，但又擔心父王母后掛念，不得不依依不捨地離去。

一天，她們照例來到金湖裡，七姐妹玩得十分開心，差點兒忘了回家。當她們想起父母正在焦急等待，急忙游回岸邊穿衣時，最小的妹妹孔雀七公主南穆娜的孔雀氅卻不見了，她們找遍了周圍的草地，也找不到。

原來，盜走孔雀氅的不是別人，而是勐板加國的王子召樹屯。他英俊瀟灑、聰明堅強，喜歡他的女孩子多得數也數不清，可他卻還沒找到自己的心上人。

一天，他忠實的獵人朋友對他說：「明天，有七位美麗的女子會飛到金湖來游泳，其中最聰明美麗的是七女子南穆娜，你只要把她的孔雀氅藏起來，她不能飛走了，就會留下來做你的妻子。」召樹屯將信將疑，但第二天，他還是來到了金湖邊等候孔雀公主的到來。

果然，從遠方飛來了七隻輕盈的孔雀，落到湖邊，瞬間變成了七位美麗的女子。她們跳起了優雅柔美的舞蹈，尤其是七公主南穆娜，舞姿動人極了。召樹屯一看，這就是自己一直在尋找的女子啊，於是立刻愛上了她。

在女子們找衣服的時候，召樹屯照著獵人朋友的話，捧著七女子南穆娜的孔雀氅走了出來。他和南穆娜一見鍾情，兩人都用明亮的眼睛交流了愛慕之情。兩顆純潔的心碰在一起，兩股甘甜的水流在一起。

於是，由大姐作主，同意將小妹南穆若娜留在召樹屯身邊。召樹屯和南穆娜立即雙手合十，感謝六位姐姐成全了他們的愛情。六個姐姐又一次向小妹妹祝福後，揮淚告別，飛回孔雀國去了。

召樹屯與孔雀公的結婚大典剛結束，邊境就傳來便函說爆發了戰爭。為了保衛國家的安全和百姓的生命，召樹屯和南穆娜商量了一個通宵，第二天他告別新婚的妻子，帶著一支軍隊出征了。

在戰爭初期，天天都傳來召樹屯敗陣退卻的噩耗，眼看戰火就要燒到自己的領土了，召樹屯的父親召勐海急得亂了陣腳。

就在這時，有個惡毒的巫師向他進讒言：「南穆娜是妖怪變的，就是她帶來了災難和不幸，若不把她殺掉，戰爭一定會失敗的！」勐板加國王召勐海頭腦一昏，就聽信了他，決定把美麗的孔雀公主燒死。

南穆娜站在了刑場上，淚流滿面，她深深地愛著在遠方征戰的召樹屯，卻不得不離開他。最後她對召勐海說：「請允許我再披上孔雀氅跳一次舞吧！」召勐海同意了。

南穆娜披上那五光十色、燦爛奪目的孔雀氅，又一次翩翩起舞。舞姿婀娜、輕盈、優雅，充滿了和平，充滿了對人世的愛，煥發出聖潔的光芒，令在場的所有人都深受感染。在悠揚的樂聲中，南穆娜已漸漸化為孔雀，徐徐凌空遠去了。

就在這時，前線傳來了召樹屯凱旋的消息。在歡迎大軍得勝歸來的載歌載舞的人群中，召樹屯沒有看見自己日夜思念的妻子；在祝賀勝利犒勞將士的慶功宴上，召樹屯還是沒有看見南穆娜的身影，他再也忍不住了，就問道：「多虧了南穆娜想

出的誘敵深入的辦法才打敗了敵人，可是她現在到哪去了呢？」

國王召勐海一聽，這才如夢初醒，卻已悔之莫及。他把逼走南穆娜的前因後果告訴了召樹屯。

面對突如其來的打擊，召樹屯只覺天旋地轉，昏倒在地。召樹屯甦醒過來後，一心只想要去把南穆娜找回來。

召樹屯找到獵人朋友，問了南穆娜的家鄉，拿著獵人朋友送的三支具有魔力的黃金箭，懷著對南穆娜矢志不渝的愛，跨上戰馬，向孔雀公主的家鄉奔去。

在途中，召樹屯經過一個山谷。山谷口被兩座大山封住了，召樹屯用第一支黃金箭射開了一條出路，進入了山谷。他克服了重重困難，終於到達了孔雀公主的家鄉。

孔雀國的國王因為覺得召樹屯的族人對南穆娜不公平，決定考驗一下召樹屯是否有保護南穆娜的本領。

國王讓七個女兒頭頂蠟燭，站到紗帳後面，讓召樹屯找出他的妻子，並用箭射滅燭火。

召樹屯內心平靜下來，憑著對南穆娜的思念，用第二支黃金箭射滅了南穆娜頭頂的燭火。最後，終於得到了與孔雀公主重逢的那一刻。他們含著淚再次擁抱，發誓從此永不分離。

回到家裡，召樹屯問明父親，知道原來是那個惡毒的巫師陷害南穆娜，就去找巫師報仇。

那巫師其實是一隻禿鷹變的，聽聞召樹屯來找他，立刻化成原形，飛上天空想逃跑。召樹屯抽出最後一支黃金箭，正義之氣隨著箭像閃電一樣，將萬惡的巫師射死了。

從此，孔雀公主的故事在傣族人們中間廣為流傳。後來，人們還根據召樹屯和南穆娜悲歡離合的愛情故事，編成了一篇長篇敘事詩〈召樹屯〉，這首詩塑造了傣族人民自己的英雄形象，表達了傣族人民的理想和願望，數百年來，一直在西雙版納傣族的民間傳唱不衰。

傣族的人們崇拜孔雀，熱愛孔雀，並把孔雀視為吉祥幸福的象徵，而象徵和平與幸福的孔雀公主的故事也在傣族中間廣為流傳，感動著一代又一代人們的心靈。

【旁注】

▼**瀾滄江**：湄公河上游在中國境內河段的名稱，是中國西南地區的大河之一。瀾滄江，發源於青海高原的唐古拉山，經西雙版納流出境外。在西雙版納的流程為一百五十八公里。古時傣族稱「南蘭章」，意為「百萬大象繁衍的河流」。

▼**箭**：又名矢，是一種借助於弓、弩，靠機械力發射的具有鋒刃的遠射兵器。因其彈射方法不同，分為弓箭、弩箭和摔箭。它的製作在春秋時期也有了較大的進步，逐漸拋棄了從商代到西周的傳統的雙翼扁體型，而改為三翼三棱錐體型。

▼**敘事詩**：一種詩歌體裁，它用詩的形式刻劃人物，有較完整的故事情節，透過寫人敘事來抒發情感，這種體裁，用詩的形式和體裁，又有故事、人物等小說的內容，而且情景交融，兼有抒情詩和小說的特點。

【閱讀連結】

〈召樹屯〉是一部傣族民間敘事長詩。〈召樹屯〉源於傣族佛教典籍《貝葉經·召樹屯》，是一部佛教世俗典籍故事，佛經故事文本為老傣文，其傳播形式主要有兩種類型，一是由僧侶誦讀的《貝葉經》散文體韻文。二是民間藝人「贊哈」的說唱手抄本。數百年來，這部敘事詩一直為傣族人民所傳唱，歷久不衰，在傣族地區流傳過程中，形成許多異文。

西雙版納地區的傣族稱〈召樹屯〉為〈召樹屯與喃木諾娜〉或〈孔雀公主〉，德宏傣族地區稱為〈嫡悅罕〉。此外，還有異文〈召洪罕與嫡拜芳〉和〈召西納〉等。

堅貞追求幸福的阿詩瑪

那是在明代中後期，在廣西府彌勒州石林圭山地區發生了一件事：彝族土司昂氏強娶圭山革泥村彝族女阿詩瑪為妻，但阿詩瑪堅決反抗土司強迫婚姻。

這件事後來在雲南圭山彝族人們當中傳開了。在流傳的過程當中，人們根據事情的真相，對故事進行了擴展，最終成為了阿詩瑪不屈不撓地同強權勢力抗爭的傳說故事。

從前，在撒尼族有個叫阿著底的地方，住著貧苦的格路日明一家，夫妻耕種山

地，住著草房。有一年，格路日明的妻子生下了一個女兒，阿爹阿媽希望女兒像金子一樣發光，因此幫她取名阿詩瑪。

阿詩瑪漸漸地長得像一朵美麗的花朵。她不僅能歌善舞，而且繡花、織麻樣樣是能手。

一天，阿詩瑪出去放羊，在森林中遇到了迷路的撒尼族少年阿黑，她得知阿黑是個孤兒後，就把阿黑帶回了家，並與阿黑成了兄妹。

漸漸地，阿黑長成了青年，他的性格正直堅強，成了周圍撒尼族少年的榜樣。人們唱歌誇讚他道：

圭山的樹木青松高，
撒尼小夥子阿黑最好。
萬丈青松不怕寒，
勇敢的阿黑吃過虎膽。

阿黑十分勤勞，還會挽弓射箭，百發百中。他的義父格路日明，把神箭傳給了他，使他如虎添翼。他還喜歡唱歌，他的歌聲十分嘹亮。他喜歡吹笛子和彈三弦。

這一年的火把節，阿詩瑪與阿黑互相傾吐了愛慕之情以後，這對義兄妹便定了親。

一天，阿詩瑪前去趕街，被阿著底的財主熱布巴拉的兒子阿支看中了，想娶阿詩瑪做妻子。阿支回家央求父親熱布巴拉，要父親請媒人為他提親。

熱布巴拉早就聽說過阿詩瑪的美名，他馬上答應了兒子的請求，讓有權有勢的媒人海熱，立即到阿詩瑪家說親。

海熱到了阿詩瑪家，憑藉他那麻蛇般的舌頭，不停地誇耀熱布巴拉有多好，家境有多優越。可是，阿詩瑪不管海熱怎樣利誘，就是不嫁。

轉眼間，秋天到了，阿著底水冷草枯，羊兒吃不飽肚子，阿黑要趕著羊群到很遠的滇南熱帶地方去放牧。臨走時，阿黑向阿詩瑪告別，他們互相勉勵，互相囑咐，依依惜別。

阿黑走後，熱布巴拉便起了歹心，派打手和家丁如狼似虎地搶走了阿詩瑪。

阿詩瑪忠於她與阿黑的愛情，無論財主捧出金銀財寶來誘惑，還是威脅要把她趕出阿著底，阿詩瑪始終不妥協。

熱布巴拉見阿詩瑪軟硬不吃，惱羞成怒，他命令家丁用皮鞭狠狠地抽打阿詩

瑪，把她打得遍體鱗傷，然後把她關進了黑牢。熱布巴拉的老婆說阿詩瑪是「生來的賤薄命，有福不會享」。

阿詩瑪堅信，只要阿黑知道她被關在熱布巴拉家，一定會來救她。

阿黑聞訊後，立刻躍馬揚鞭，日夜兼程，跋山涉水，從遠方趕回家來搭救阿詩瑪。他來到熱布巴拉家門口，阿支緊閉鐵門不准進，提出要與阿黑對歌，唱贏了才准進門。

於是，兩人對歌對了三天三夜。有才有智的阿黑，越唱越起勁，臉泛笑容，歌聲響亮。阿支缺才少智，越唱越詞窮，越來越難聽了。最後，阿黑終於唱贏了，阿支只得讓他進了大門。

隨後，阿支又提出種種刁難，要和阿黑賽砍樹、接樹、撒種。這些技能阿支哪有阿黑熟練，阿黑件件都勝過了阿支。

熱布巴拉眼看難不住阿黑，便想出一條毒計，皮笑肉不笑地假意說：「天已經不早了，你先好好睡一覺，明天再送你和阿詩瑪一起走吧！」

阿黑答應住下，他被安排睡在一間沒有門的房屋裡。半夜，熱布巴拉指使他的家丁放出三隻老虎，企圖傷害阿黑。阿黑早有準備，當老虎張開血盆大口向他撲來時，他拿出弓箭，對準老虎連射三箭，三隻老虎都被射死了。

第二天，熱布巴拉父子見老虎死了，很是驚詫，再也無計可施，理屈詞窮，只好答應放回阿詩瑪。

當阿黑走出大門等候時，熱布巴拉又立即關閉了大門，不放出阿詩瑪。阿黑忍無可忍，立刻張弓搭箭，連連射出三箭。第一箭射在大門上，大門立即被射開；第二箭射在堂屋柱子上，房屋震得嗡嗡響；第三支箭射在供桌上，震得供桌搖搖晃晃。

熱布巴拉嚇慌了，連忙命令家丁拔下供桌上的箭。可是，那箭好像生了根，沒人能夠拔得下。他只好叫人打開黑牢門，放出阿詩瑪，還向她求情說：「只要妳把箭拔下來，我就馬上放妳回家。」

阿詩瑪鄙夷地看了熱布巴拉一眼，走上前去，像摘花一樣，輕輕拔下箭。然後和阿黑一起，飛快地離開了熱布巴拉家。熱布巴拉父子眼巴巴看著阿黑帶走了阿詩瑪，心中很不服氣，但又不敢去阻攔。心腸歹毒的熱布巴拉父子不肯罷休，又想出喪盡天良的毒計。他們知道，阿黑和阿詩瑪回家，要經過十二崖子腳，便勾結崖神，要把崖子腳下的小河變大河，淹死阿黑和阿詩瑪。

熱布巴拉父子帶著家丁，趕在阿黑和阿詩瑪過河之前，趁山洪暴發之時，把小河上游的岩石扒開放水。

正當阿黑和阿詩瑪過河時，洪水滾滾而來，阿詩瑪被捲進漩渦，阿黑只聽到阿詩瑪喊了聲「阿黑哥來救我」，就再也沒聽見她的聲音，沒看見她的蹤影了。

阿詩瑪不見了，阿黑掙扎著上了岸，到處尋找阿詩瑪。他找啊找，一直找到大河又變成了小河，都沒有找到阿詩瑪。他大聲地呼喊：「阿詩瑪！阿詩瑪！」可是，只聽到那十二崖子頂回答同樣的聲音：「阿詩瑪！阿詩瑪！」

據說阿詩瑪變成了十二崖子上的石峰。從此，你怎樣喊她，她就怎樣回答。

阿黑失去了阿詩瑪，但他時時刻刻想念著她。每天吃飯時，他盛著玉米飯，端著飯碗走出門，對石崖子喊：「阿詩瑪！阿詩瑪！」那站在石崖子上的阿詩瑪便應聲：「阿詩瑪！阿詩瑪」。

父母出去工作的時候，對著石崖子喊：「爹娘好嗎？好？阿詩瑪！」那站在石崖子上的阿詩瑪，同樣地應聲：「爹娘好嗎？好？阿詩瑪！」

阿詩瑪原本在阿著底的夥伴們在石崖子下，對著石崖子上的阿詩瑪彈三弦，吹笛子，唱山歌，那石崖子上的阿詩瑪也會應和著弦音、笛聲，唱起山歌。

阿詩瑪的聲音永遠迴盪在石林，她的身影已經化成石頭，永遠和她的鄉親們相伴。

後來，阿黑和阿詩瑪成為彝族撒尼人崇拜的偶像。彝族人民把她和阿黑的故事編成為長篇敘事詩〈阿詩瑪〉，作為撒尼人民日常生活、婚喪禮節以及其他風俗習慣的一部分，在人民中間廣為傳唱。

〈阿詩瑪〉是以歌唱形式保存下來的文學藝術珍品，演唱的音樂曲調主要有喜調、出嫁調、繡花調、悲調、哭調、罵調等。喜調以歡快、熱烈的旋律表現歡樂的場面。繡花調則用緩慢、抒情自由，音調悠長的曲調表現阿詩瑪不同場景的內心真實情感。

〈阿詩瑪〉中跳的大三弦舞是十分歡快的。彝族撒尼人的女子都會唱〈阿詩瑪〉中的繡花調，女子出嫁時大多會唱出嫁調。〈阿詩瑪〉在傳承彝族撒尼人文化藝術方面形成了重要的作用。

〈阿詩瑪〉敘事長詩深刻地表現了撒尼族人追求婚姻自由、追求光明、追求幸福生活，嚮往美好未來，勇於鬥爭的民族精神。阿詩瑪可以說是撒尼族人聰明、勤勞、善良、美麗、勇敢、能歌能舞的化身。

彝族撒尼人不僅在結婚典禮中要吟誦〈阿詩瑪〉，在日常生活中要演唱和講述阿詩瑪的故事，把阿黑和阿詩瑪當成自己學習的榜樣。甚至在驅邪除穢習俗中，都把阿黑和阿詩瑪當成具有神性色彩的崇拜對象。

阿詩瑪不屈不撓地同強權勢力抗爭的故事，揭示了光明終將代替黑暗、善美終將代替醜惡、自由終將代替壓迫與禁錮的人類理想，表現了彝族人民追求幸福生活的堅強意志，歌頌了彝族人民的勤勞智慧和反抗邪惡勢力的鬥爭精神。

同時，阿詩瑪的傳說真實地反映了當時撒尼人的社會生活，為研究彝族撒尼人的政治、經濟、藝術、宗教、風俗等提供了寶貴的資料。

【旁注】

▼**土司**：古代的官名，元朝始置，用於封授給西北、西南地區的少數民族部族首領，土司的職位可以世襲，但是襲官需要獲得朝廷的批准。土司對朝廷承擔一定的賦役、並按照朝廷的徵發令提供軍隊；對內維持其作為部族首領的統治權利。

▼**三弦**：又稱「弦子」，中國傳統彈撥樂器。柄很長，音箱方形，兩面蒙皮，弦

三根，側抱於懷演奏。音色粗獷、豪放。可以獨奏、合奏或伴奏，普遍用於民族器樂、戲曲音樂和說唱音樂。

▼**對歌**：又名鬥歌、對口白、唱口白、文播臺，其腔調唯配以樂清方言才珠聯璧合。相傳為清光緒年間聞福臻所創。每逢元宵佳節，人們都要聘請藝人去演唱「對歌」。另在浙西南一帶的畲族山寨，到了節日、喜慶場合人們也會徹夜歡唱，對歌是禮儀活動組成部分。

▼**笛子**：漢族廣為流傳的吹奏樂器。因為是用天然竹材製成，所以也稱為「竹笛」。小調。而且，笛子的表現力不僅僅在於優美的旋律，它還能表現大自然的各種聲音。比如模仿各種鳥叫等。

【閱讀連結】

〈阿詩瑪〉使用口傳詩體語言，講述或演唱阿詩瑪的故事。阿詩瑪不屈不撓地同強權勢力抗爭的故事，揭示了光明終將代替黑暗、善美終將代替醜惡、自由終將代替壓迫與禁錮的人類理想，反映了彝族撒尼人「斷得彎不得」的民族性格和民族精神。

〈阿詩瑪〉被撒尼人稱為「我們民族的歌」，阿詩瑪的傳說已經成為撒尼人日常生活、婚喪禮節以及其他風俗習慣的一部分，在人們中間廣為傳唱。其藝術魅力隨時間的沖刷而彌久愈新，不減光芒，成為民族文學百花園中一塊璀璨的瑰寶，蜚聲世界文壇。

百年潑水節的神奇來歷

在中國西南地區，尤其是在傣族和德昂族聚居的地區，到了每年的四月十三日，都會舉行一場盛大而隆重的慶祝活動，這就是潑水節。潑水節也稱宋干節，已經有千百年的歷史，是傣族、德昂族最為盛大的傳統節日。

每到潑水節這天，人們清早起來便沐浴禮佛，之後便開始連續幾日的慶祝活動。在此期間，大家用純淨的清水相互潑灑，祈求洗去過去一年的不順，新的一年帶著美好的願望再次出發。

潑水節是傣族的新年，一般持續三至七天。第一天為「麥日」，類似於農曆除夕，傣語叫「宛多尚罕」，意思是送舊。此時人們要收拾房屋，打掃衛生，準備年飯和節間的各種活動。

第二天稱為「惱日」，「惱」意為「空」，按習慣這一日既不屬前一年，亦不屬後一年，故為「空日」。

第三天叫「麥帕雅晚瑪」，據說這是麥帕雅晚瑪的英靈帶著新曆返回人間之日，人們習慣將這一天視為「日子之王來臨」，是傣曆的元旦。

這一天，傣族男女老少就穿上節日盛裝，挑著清水，先到佛寺浴佛，然後就開始互相潑水。一朵朵水花在空中盛開，它象徵著吉祥、幸福、健康，青年手裡明亮晶瑩的水珠，還象徵著甜蜜的愛情。

在傣曆的元旦之日，到處是水的洗禮、水的祝福、水的歡歌。朵朵水花串串笑，潑水節成了歡樂的海洋。

潑水節的內容，除潑水外，還有趕擺、賽龍舟、浴佛、誦經、章哈演唱、鬥雞、跳孔雀舞、白象舞、丟包、放高升、放孔明燈等民俗活動，以及其他藝術表演、經貿交流等。這樣一來，潑水節的時間常常延長好幾天。

其實，潑水節源於印度，是古婆羅門教的一種儀式，後為佛教所吸收，約在十二世紀末至時三世紀初期，經緬甸隨佛教一起傳入傣族地區。

隨著佛教在傣族地區影響的加深，潑水節成為一種民族習俗流傳下來。在潑水節流傳的過程中，傣族人民逐漸將之與自己的民族神話傳說結合起來，賦予了潑水節更為神奇的意蘊和民族色彩。

相傳在很早以前，有一個凶殘的魔王，他身有魔法，落在水裡漂不走，掉在火裡燒不爛，刀砍不破，槍刺不入，弓箭射不著。他自持法力過人，傲慢自大，整天橫行霸道，為非作歹。

那時，天有十六層，這個魔王就成了其中一層的霸主。他已經有了六個美麗的妻子，後來又搶了一位美麗聰明的女人做妻子。

有一年，正是人間過年的那一天，魔王在宮中飲酒作樂。酒過三巡，已經醉醺醺的了。最小妻子婻粽布乘機對魔王稱頌道：「我尊貴的大王，您法力無邊，德行高尚，憑著您的威望，您完全可以征服天堂、地獄、人間，做三界的主人。」

魔王聽了洋洋得意，沉思了一會兒，對愛妻說：「我的魔力確實能征服三界，但我也有旁人不知道的弱點。」

婻粽布又問道：「大王有如此魔力，怎麼會有弱點？」

魔王向四周張望，確定安全後，小聲回答：「我就怕別人拔我的頭髮勒我的脖子，這會使我身首分家。」

婻粽布假裝驚訝地追問：「能夠征服三界的大王，怎麼會怕頭髮絲？」

魔王又小聲地說：「頭髮絲雖然小，但我的頭髮絲卻會勒斷我的脖子，那樣的話我就活不成了。」

婻粽布繼續為魔王斟酒，直到酒席散盡，她又扶魔王上床睡熟。這時，她小心地拔下魔王的一根頭髮，未等魔王驚醒，就勒到了魔王的脖子上。魔王的頭立刻就掉到地上，頭上滴下的血，每一滴都變成了一團火，熊熊燃燒，而且迅速往人間蔓延。

婻粽布趕緊把魔王的頭抱起來，大地上的火焰才熄滅，可頭一放下，火又燃燒起來。這時，其他六個被搶來的女人也都趕來了，她們輪流抱著魔王的頭，這樣火才不再燒起來。

後來，婻粽布回到人間，但她仍舊渾身血跡，人們為了洗掉她身上的血跡，紛紛向她潑水。血跡終於洗淨了，婻粽布幸福地生活在了人間。

婻粽布去世後，人們為了紀念她，就在每年過年的時候，就相互潑水，用潔淨的水洗去身上的汙垢，迎來吉祥的新年。

潑水節一般在風光旖旎的瀾滄江畔舉行，當晨曦映紅天的時候，各族群眾便穿著盛裝，從四面八方匯聚這裡。一聲號令，一支支高升騰空而起，直穿雲霄，一艘艘龍舟箭一般，直衝對岸。此時，千萬隻金竹一起吹奏、鋩鑼、象腳鼓一齊敲響，瀾滄江兩岸頓時變成歡樂的海洋。

當潑水剛開始時，彬彬有禮的傣家女子一邊說著祝福的話語，一邊用竹葉、樹枝蘸著盆裡的水向對方灑過去。「水花放，傣家狂」，到了高潮，人們用銅鉢、臉盆，甚至水桶盛水，在大街小巷，嬉戲追逐，只覺得迎面的水、背後的水盡情地潑來，一個個全身溼透，但人們興高采烈，到處充滿歡聲笑語。

經過水的洗禮過後，人們便圍成圓圈，在鋩鑼和象腳鼓的伴奏下，不分民族，不分年齡，不分職業，翩翩起舞。激動時，人們還爆發出「水、水、水」的歡呼聲。

有的男子邊跳邊飲酒，如醉如痴，通宵達旦，其中「丟包」最富浪漫色彩，往往是傣族未婚青年的專場遊戲。「包」是象徵愛情的信物，由傣族女子用花布精心製作，內裝棉籽，包的四角綴有五彩花穗。

丟包時，在綠草如茵的草坪上男女各站一排，先由傣族少女將包擲給少年，少年再擲給少女，並借此傳遞感情。花包飛來飛去，最後感情交流到一定程度，雙方悄悄退出丟包場，找一個幽靜的地方依肩私語去了。

潑水節是全面展現傣族水文化、音樂舞蹈文化、飲食文化、服飾文化和民間崇尚等傳統文化的綜合舞臺，是研究傣族歷史的重要窗口，具有較高的學術價值。

潑水節展示的章哈、白象舞等藝術表演能給人以藝術享受，有助於了解傣族感悟自然、愛水敬佛、溫婉沉靜的民族特性。同時潑水節還是加強西雙版納全州各族人民大團結的重要紐帶，對西雙版納與東南亞各國友好合作交流，對促進全世界社會經濟文化的發展造成了重要作用。

【旁注】

▼**傣族**：源於怒江、瀾滄江中上游地區的哀牢人。西元一世紀，哀牢人融合滇人過程中，透過滇人吸收了大量越文化，初步形成現代傣族的雛形。傣族人十分喜愛詩歌，尤其是敘述長詩。佛教的傳入，傣文的創製，都對敘事詩的繁榮奠定了基礎。

▼**章哈**：直譯成漢語是「會唱」，或者是「會唱歌的人」。章哈還是傣族歌手演

唱這樣一種藝術表演形式，是中國少數民族曲藝之一的藝術品種。在西雙版納地區稱傣族歌手為「章哈」。關於傣族歌手的稱謂還有一種說法叫「娜婉」，指唱歌唱得好的人。

▼**象腳鼓**：傣族的重要民間樂器，因鼓身似象腳而得名，廣泛用於歌舞和傣戲伴奏。象腳鼓還受到景頗族、佤族、傈僳族、拉祜族、布朗族、阿昌族和德昂族等族人民以及克木族人的喜愛，是各族歌舞中不可缺少的樂器。

【閱讀連結】

關於潑水節的來歷，在民間還有一種傳說。相傳很久之前，有一個忤逆的兒子，他在清明節後第七天在山上做事，偶然看到雛鳥反哺的情景，頓有所感悟，決心好好侍奉母親。恰在這時，他母親正在向山上走來，為兒子送飯，不小心滑了一跤。兒子趕來扶她，她卻以為兒子要來打她，一頭撞死在樹上。

已經醒悟的兒子追悔莫及，就把樹砍下來，然後雕成一尊母親雕像，在每年清明後的第七天，都要把雕像浸到灑著花瓣的溫水中清洗乾淨。後來，這個儀式就演變為了潑水節。

第四章　神奇幻想　神魔傳說

仙鬼傳說是民間文學樣式之一，是民眾藝術加工的產品，屬於人物傳說中特殊的組成部分。這類傳說與宗教有千絲萬縷的關聯，其產生歷史久遠，流傳地域廣泛。傳說中的仙鬼大多是虛構的，也有少量真實人物被賦予超乎凡人的神通。

在中國傳統文化中，人的一切道德倫常在仙鬼世界同樣存在。仙鬼是另一種存在方式，仙鬼更多的時候是人的一個折射。仙鬼被想像成為同樣有感情的另外一種「人」，透過仙鬼傳說，曲折地反映了現實中人的愛恨情仇。

化為杜鵑哀啼的望帝

相傳望帝是古代蜀國的開國君主，名叫杜宇。他發展生產，帶領蜀地人民走出了茹毛飲血的蠻荒時代，讓蜀地綻開文明之花，因此得到人民的愛戴。他愛百姓也愛生產，經常帶領人民開墾荒地，種植五穀。

杜宇把蜀國建成了豐衣足食的天府之國後，將自己的君位禪讓給了臣下，自己隱居西山。後來，望帝杜宇逝去，但他的魂魄不忍離開蜀地人民，於是化身為鳥，晝夜鳴叫，聲音淒切。

川中人民沒有忘記他們的君主，把這種鳥叫做「杜鵑」，以表達對望帝杜宇的懷念。後來，人們不滿足於用這種方式來懷念心中的君主，就相傳演變成了各式各樣的民間傳說。

相傳遠古時代的蜀國，第一個稱王的是蠶叢，他曾經教導當地百姓如何養蠶。在蠶叢的帶動下，四川的養蠶業逐漸發達起來。蠶叢去世以後，由柏灌當王，然後由魚鳧當王。在魚鳧領導下，蜀國百姓的生活不斷得到改善，後來，魚鳧在打獵時得道成仙。

又過了許多年，有一天忽然有一個叫杜宇的青年男子，從天上降了下來，成了蜀國的國王，號望帝。

望帝當國王的時候，也很關心老百姓的生活，教導老百姓如何種植莊稼，叮囑人民要遵循農時，做好生產。

那時蜀國經常鬧水災，望帝想盡各種方法來治理水災，但始終無法從根本上根除水患。有一年，忽然從河裡逆流漂來一具男屍，人們見了感到十分驚奇，因為河流上的東西總是順流而下，怎麼這個屍體卻是逆流而上？好事者便把這個屍體打撈上來。

更令人吃驚的是，屍體剛一打撈上來，便復活了，開口講話，稱自己是楚國人，名叫鱉靈，因失足落水，從家鄉一直漂到這裡。這件事讓望帝知道後，便叫人把他叫來。

兩人一見面，便一見如故，談得十分投機，大有相見恨晚的感覺。望帝覺得鱉靈是個難得的人才，便任命他為蜀國的宰相。

不久之後，爆發了一場大洪水。老百姓深受其害，民不聊生，國家陷入一片混亂。鱉靈受望帝的委任，擔任治理洪水的任務。

在治水中，鱉靈顯示出過人的才幹。他帶領民眾治理洪水，打通了巫山，使水流從蜀國流到長江。這樣，使水患得到解除，蜀國人民又可以安居樂業了。

鱉靈在治水上立下了汗馬功勞，杜宇十分感謝，便自願把王位禪讓給鱉靈，鱉靈受了禪讓，號稱開明帝，又叫叢帝。

望帝去世後，靈魂化成杜鵑。他生前愛護人民，死了仍然惦念百姓的生活，每到清明、穀雨、立夏、小滿，就飛到田間一聲聲地鳴叫。人們聽見這種聲音，都說：「這是我們的望帝杜宇啊！」於是相互提醒，是時候了，快播種吧。或者說。是時候了，快插秧吧。人們因此又把杜鵑叫做知更鳥、催工鳥。

杜宇傳帝位給鱉靈，鱉靈把帝位傳給自己的子孫。後來，他們又把首都遷移到成都。當時強大的秦國，常想吞滅蜀國。但是蜀國地勢險要，軍隊不容易通行，硬攻顯然不是辦法。

秦國國君秦惠王便想出一條妙計：叫人做了五頭石牛，每天在石牛屁股後面擺上一堆金子，謊稱石牛是金牛，每天能拉一堆金子。

蜀王聽到這個消息，想要得到這些所謂的金牛，便託人向秦王索求，秦王馬上答應了。

石牛很重，怎麼搬取？當時蜀國有五個大力士，力大無比，叫五丁力士。蜀王就叫他們去鑿山開路，把金牛拉回來。五丁力士好不容易開出一條金牛路，拉回這些所謂的金牛，回到成都，才發現他們不過是石牛，才得知上當受騙了。

蜀王後來託人狠狠地罵了秦國國君言而無信，並把這些石牛運回秦國。秦惠王聽說金牛道已打通，十分高興，但十分害怕五丁力士，因為其力無窮，不敢馬上進攻。

於是，秦惠王又生出一計，託人向蜀王講：金牛是沒有，但是我們有五個天仙似的女兒，比金子還珍貴，如果蜀國國王要的話，願意無私奉獻。秦王的本意，想

用美女計，來迷惑蜀國國王。

秦惠王的美女計比三十六計還靈。蜀王本是好色之徒，聽了以後，欣喜若狂。再次叫五大力士到秦國去一趟，要他們把五位美女及早接回來。

五丁力士帶著五位美女回家路上，經過梓潼這個地方，忽然看到一條大蛇正向一座山洞鑽去。於是，五丁力士想聯手除掉大蛇，為民除害。

忽然一陣妖風作怪，剎那間地動山搖，大山崩塌下來，五個壯士和五個美女瞬間都被壓死，化為血泥，一座大山化為五座峰嶺。

蜀國國王聽了這個消息，悲痛欲絕。他親自登臨這五座山進行悼念，並且命名這五座山為五婦，至於死了的五位壯士，他卻一點也不心疼。

人們對這個昏君的行為十分看不慣，他們十分熱愛這五大力士，便稱這五座山為五丁。

秦惠王聽說五丁壯士已死，蜀道已通，知道進攻蜀國的時機已經成熟，不由得心花怒放，就派大軍從金牛道進攻蜀國，很快便消滅了蜀國，並把蜀王殺死了。

這時，望帝魂靈變化成的杜鵑鳥，眼見故國滅亡，內心十分痛苦。從此，每當桃花盛開之際，便一聲聲地叫喊著：不如歸去，不如歸去。蜀國人民一聽到這個聲音，就知道他們的國君又在思念自己的國家了。

這個民間相傳的故事，富有詩意，唐代詩人李商隱的〈錦瑟〉就是其中的經典之作：

> 錦瑟無端五十弦，一弦一柱思華年。
> 莊生曉夢迷蝴蝶，望帝春心託杜鵑。
> 滄海月明珠有淚，藍田日暖玉生煙。
> 此情可待成追憶，只是當時已惘然。

這裡的「春心」與杜鵑的悲鳴聯結在一起，實際上包含了傷春、春恨的意蘊。「望帝春心託杜鵑」，這裡所展示的正是一幅籠罩著哀怨淒迷氣氛的圖畫，象徵著化為望帝冤魂的杜鵑。在泣血般的悲鳴中寄託著不泯的冤恨。不但寫出杜宇之託春心於杜鵑，也寫出了詩人之託春恨於悲鳴。暗示了寄託「春心」者的性質，真乃妙筆奇情。

成都附近的郫縣，有一座很古的廟宇叫做望叢祠，旁邊有兩座很大的望帝、叢帝的陵墓，四周檜柏參天。每年桃花盛開季節，還能聽到杜鵑的聲聲鳴叫。而且每

當每年農曆端午節的時候，附近民眾都要聚集在這裡舉行「賽歌會」。

後代的人都為杜鵑的這種努力不息的精神所感動，所以，世世代代的四川人，都很鄭重地傳下了「不打杜鵑」的規矩，以示敬意。

【旁注】

▼**蠶叢**：又稱蠶叢氏，是蜀國首位稱王的人，他是位養蠶專家，西周時期，蠶叢被其他部落打敗後，蠶叢的子孫後代，都各別逃到姚和巂，最後由新勢力魚鳧來結束這次戰爭。

▼**宰相**：也叫丞相，是中國古代皇帝之下的最高行政長官，負責典領百官，輔佐皇帝治理國政。丞相有權任用官吏，或是向皇帝薦舉人才。除此之外，丞相主管律、令及相關刑獄事務，還要負責國家軍事或邊防方面。全國的計籍和各種圖籍等檔案也都歸丞相府保存。

▼**立夏**：二十四節氣之一，每年五月五日或五月六日是農曆的立夏，「斗指東南，維為立夏，萬物至此皆長大，故名立夏也」。在天文學上，立夏表示即將告別春天，是夏日天的開始。人們習慣上都把立夏當作是溫度明顯升高，炎暑將

臨，雷雨增多，農作物進入旺季生長的一個重要節氣。

▼**三十六計**：或稱「三十六策」，後人輯成兵書《三十六計》，是指中國古代三十六個兵法策略，源於南北朝，成書於明清。它是根據中國古代卓越的軍事思想和豐富的鬥爭經驗總結而成的兵書，是文化遺產之一。

▼**李商隱**：（西元八一三至八五八年），字義山，號玉溪生，唐代著名詩人。他擅長詩歌寫作，駢文文學價值也很高，是晚唐最出色的詩人之一，其詩構思新奇，風格穠麗，尤其是一些愛情詩和無題詩寫得纏綿悱惻，優美動人，廣為傳誦。但部分詩歌過於隱晦迷離，難於索解，至有「詩家總愛西崑好，獨恨無人作鄭箋」之說。

【閱讀連結】

據有的地方的民間傳說，鱉靈在治水期間，望帝在家和鱉靈的妻子日久生情，生出了說不明道不白的情愫。鱉靈治水成功回家後，望帝感到對不起鱉靈，心中非常慚愧，才跑到深山裡去隱居。後來望帝去世了，靈魂就化做杜鵑鳥。望帝儘管有一些缺點，但他愛自己的百姓，其總體上說，是一位好國君。

還有一些地方說，望帝感覺自己對付不過鱉靈，無可奈何，只有一天到頭悲憤、哀泣而已。後來，杜宇臨終時，囑咐西山的杜鵑說：「杜鵑鳥，你叫吧，把我的心情，叫給我的百姓聽吧。」從此，杜鵑就飛在蜀國境內，日夜哀鳴，直到牠的口中流血。

嫦娥誤食仙丹而奔月

那是在遙遠的上古時期，人們對天上的日月星辰就產生了濃厚的興趣。他們經常會望著晚上的月亮，津津有味地思考其中的奧祕，因此也產生了對月亮的崇拜。人們還把月宮設想成一個極美極樂的境界，把月亮看作是一個和諧而浪漫的仙境。

那時候的人們覺得生命是如此短暫，沒有人不祈求長壽，甚至長生不死，但是人們一直無法改變生老病死的自然規律。於是，人們就創造了絢麗多彩的神仙世界，希望自身能夠超越凡塵成仙。人們便把這些希望和美好的理想編成一個美麗的故事，在民間廣為流傳。

傳說，那是在遠古的時候，天上有十個太陽同時出現，晒得莊稼枯死，民不聊生，一個名叫大羿的英雄，力大無窮，他同情受苦的百姓，登上崑崙山頂，運足神力，拉開神弓，一口氣射下了九個太陽，命令最後一個太陽按時起落，為民造福。

大羿因此受到百姓的尊敬和愛戴，於是，部落首領帝嚳把自己的女兒嫦娥嫁給了大羿。

當時，有不少志士慕名前來向大羿學藝，心術不正的青年蓬蒙也混了進來。逢蒙的嘴巴甜得像蜜，很討大羿的喜歡。可逢蒙心眼很壞，學到了本領，就想背棄大羿，自己當「天下第一射手」。嫦娥要大羿提防逢蒙，可大羿卻不以為然。

有一年，大羿得了一場大病，病癒後精力大不如從前，頗有衰弱的趨向。大羿心想自古以來人難免一死，心裡慌亂起來，就想找一個長生不死之法。

於是，大羿便出外雲遊，求仙訪道，奔走了數年，後來經得道高人指點，知道崑崙山旁的玉山上有個西王母，是與天同壽的活神仙，她藏有可以不死的仙丹。於是他決定去找西王母娘娘要仙丹。

大羿憑著蓋世神力、超人的意志，越過炎山、弱水，攀上一萬三千一百一十三步二尺六寸高地懸崖峭壁，在崑崙山巔的宮殿裡拜見了西王母。

西王母娘娘知道大羿是位大英雄，便取出最後一顆長生仙丹慷慨相贈，並囑咐他說：「這不死藥是用不死樹結的不死果煉製的。不死樹三千年開一次花，三千年結一次果，煉製成藥又需三千年。我收藏的藥丸僅剩一顆了。這顆長生藥全吃了可成為神仙，吃一半就能長生不老。」

大羿如願以償，他拜謝了西王母，下了崑崙山。回到家後，大羿把藥交給嫦娥，準備過幾天和嫦娥一起吃。嫦娥將藥藏進梳妝檯的百寶匣裡，不料被蓬蒙看到了。

三天後，大羿率眾徒外出狩獵，心懷鬼胎的蓬蒙假裝生病，留了下來。待大羿率眾人走後不久，蓬蒙手持寶劍闖入內宅後院，威逼嫦娥交出長生藥。

嫦娥知道自己不是蓬蒙的對手，危急之時，轉身打開百寶匣，拿出長生藥一口吞了下去。嫦娥吞下長生藥後，身子立刻飄離地面，衝出窗口，向天上飛去。

傍晚，大羿回到家，侍女們哭訴了白天發生的事。大羿既驚又怒，抽劍就要去殺蓬蒙，不料他早逃走了。

悲痛欲絕的大羿，仰望著夜空呼喚嫦娥的名字。這時他驚奇地發現，今天的月亮特別皎潔明亮，而且有個晃動的身影酷似嫦娥。

大羿急忙派人到嫦娥喜愛的後花園裡，擺上香案，放上她平時最愛吃的鮮果點心，遙祭在月宮裡自己眷戀著的嫦娥，表達自己的相思之情。

百姓們聽到嫦娥奔月成仙的消息後，紛紛在月下擺設香案，向善良的嫦娥祈求吉祥平安。從此，中秋節拜月的風俗在民間傳開了。

關於「嫦娥奔月」的神話故事，最早見於戰國時期的《歸藏》，在西漢時的《淮南子》和東漢時的《靈獻》這兩本書中也有記載。

嫦娥飛月的故事，令後世不少文人騷客感慨、遐想。其中唐代詩人李商隱的〈嫦娥〉詩深刻表現了她的寂寞和悔恨：

雲母屏風燭影深，長河漸落曉星沈。

嫦娥應悔偷靈藥，碧海青天夜夜心。

這首詩的大意是說，雲母製成的屏風染上一層幽深黯淡的燭影，銀河逐漸底斜下落啟明星也已下沉。廣寒宮的嫦娥相比悔恨當初偷吃不死藥，如今落得獨處於碧海青天而夜夜寒心。

嫦娥奔月的傳奇故事，民間流傳了幾千年，永久不衰。這反映了人們對長生不死美好理想的追求，也寄託了人們對美好團圓的幸福生活的嚮往。

【旁注】

▼**帝嚳**：《山海經》等古籍載其名俊，號高辛氏，華夏上古時期一位著名的部落聯盟首領。春秋戰國後，被列為「三皇五帝」中的第三位帝王，即黃帝的曾孫，前承炎黃，後啟堯舜，奠定華夏根基，是華夏民族的共同人文始祖。被殷商族人認為是其第一位先祖。

▼**中秋節**：又稱月夕、秋節、仲秋節、八月節、八月會、追月節、玩月節、拜月節、女兒節或團圓節，是流行於中國眾多民族與東亞諸國中的傳統文化節日，時在農曆八月十五；因其恰值三秋之半，故名，也有些地方將中秋節定在八月十六。

▼**屏風**：古時建築物內部擋風用的一種家具，所謂「屏其風也」。屏風一般陳設於室內的顯著位置，造成分隔、美化、擋風、協調等作用。它與古典家具相互輝映，相得益彰，渾然一體，成為家居裝飾不可分割的整體，而呈現出一種和諧之美、寧靜之美。

【閱讀連結】

中國歷史上和神話傳說中都有「后羿」這個名字，一個是神話傳說人物，是上古的大羿；另一個是歷史人物，是夏代的后羿。

據史料記載，歷史人物后羿又稱「夷羿」，是夏王朝時東夷族有窮氏首領、有窮國國君，他也是一個射術高超的英雄。后羿統一了東夷各部落方國，組成了一個強大的國家。夏王仲康死後，他的兒子相繼位。不久，后羿驅逐了相，自己當了夏的國王，是為夏王朝第六任帝王，後被自己的家臣寒浞所殺。

多種多樣的民間閻王

那是在佛教傳入中國之後的漢桓帝、漢靈帝時期，關於佛教的記載才逐漸詳實，史料也逐漸豐富。那時西域的佛教學者相繼來到中國，如從安息國而來的安世高、安玄，從月氏國而來的支婁迦讖、支曜，從天竺而來得竺佛朔，從康居國而來康孟詳，使中原的佛事活動逐漸興盛起來。

在佛教中，閻王也稱閻羅王，或稱閻羅大王、閻魔王。閻魔即琰摩、琰摩羅，意譯為「縛」，縛有罪之人也，原來是古印度神話中管理陰間的天王。

佛教興起後，中國吸收了閻羅，將它作為佛教的鬼王。唐代和尚慧琳《一切經音義》卷五說：「閻羅王又稱平等王，主司生死罪福之業，管理八熱八寒地獄及其他附屬的小地獄，率領地獄、餓鬼、畜、人、天等五道之中的鬼卒，追捕罪人，判斷罪惡等。」

佛教傳入中國後，佛教中的一些神被民間信仰加以改造後吸收和採納。後來，隨著道教的進一步興起，閻王的信仰與中國本土宗教道教信仰相互影響，演變出具有漢化色彩的十殿閻王。

這種說法源於唐代，相傳玉帝冊封閻羅王，由閻羅王統率地獄和五嶽衛兵。地獄又分為十殿，十殿各有其主和名號，稱地府十王，統稱十殿閻王。

「十殿閻羅」是中國古代特有的民間信仰。所謂十殿閻羅，就是說有十個掌管地獄的大王，分別居於地獄的十殿之上，因此稱為十殿閻羅。按民間說法，這十殿閻羅分別是秦廣王、楚江王、宋帝王、五官王、閻羅王、卞城王、泰山王、平等王、都市王、輪迴王。

第一殿是秦廣王蔣，二月初一日誕辰，專管人間夭壽生死，統管幽冥吉凶、善人壽終，接引超升；功過兩半者，送交第十殿發放，仍投入世間，男轉為女，女轉為男。惡多善少者，押赴殿右高臺，名曰孽鏡臺，令之一望，照見在世之心好壞，隨即批解第二殿，發獄受苦。

第二殿是楚江王歷，三月初一日誕辰，掌管活大地獄，又名剝衣亭寒冰地獄，另設十六小獄，凡在陽間傷人肢體、姦盜殺生者，推入此獄，另發入到十六小獄受苦，滿期轉解第三殿，加刑發獄。

第三殿是宋帝王余，二月初八誕辰，掌管黑繩大地獄，另設十六小獄，凡陽世忤逆尊長，教唆興訟者，推入此獄，受倒吊、挖眼、刮骨之刑，刑滿轉解第四殿。

第四殿是五官王呂，二月十八日誕辰，掌管合大地獄，又名剝戮血池地獄，另設十六小地獄，凡世人抗糧賴租，交易欺詐者，推入此獄，另再判以小獄受苦，滿日送解第五殿查核。

第五殿是閻羅王包，正月初八日誕辰，前本居第一殿，因憐屈死，屢放還陽伸雪，降調此殿。掌管叫喚大地獄，並十六誅心小獄。凡解到此殿者，押赴望鄉臺，令之聞見世上本家，因罪遭殃各事，隨即推入此獄，細查曾犯何惡，再發入誅心

十六小獄，鉤出其心，擲與蛇食，鍘其身首，受苦滿日，另發別殿。

第六殿是卞城王畢，三月初八日誕辰，掌管大叫喚大地獄，及枉死城，另設十六小獄。忤逆不孝者，被兩小鬼用鋸分屍。凡世人怨天尤地，對北溺便涕泣者，發入此獄。查所犯事件，亦要受到鐵錐打、火燒舌之刑罰。再發小獄受苦，滿日轉解第七殿，再查有無別惡。

第七殿是泰山王董，三月二十七日誕辰，掌管熱惱地獄，又名碓磨肉醬地獄，另設十六小獄。凡陽世取骸合藥、離人至戚者，發入此獄。再發小獄。受苦滿日，轉解第八殿，收獄查治。另外，凡盜竊、誣告、敲詐、謀財害命者，均將遭受下油鍋之刑罰。

第八殿是都市王黃，四月初一日誕辰，掌管大熱大惱大地獄，又名惱悶鍋地獄，另設十六小獄。凡在世不孝，使父母翁姑愁悶煩惱者，擲入此獄。再交各小獄加刑，受盡痛苦，解交第十殿，改頭換面，永為畜類。

第九殿是平等王陸，四月初八日誕辰，掌管豐都城鐵網阿鼻地獄，另設十六小獄。凡陽世殺人放火、斬絞正法者，解到本殿，用空心銅樁，鏈其手足相抱，煽火焚燒，燙燼心肝，隨發阿鼻地獄受刑。直到被害者個個投生，方准提出，解交第十殿發生六道，即天道、人道、道地、阿修羅道、地獄道和畜生道。

第十殿是轉輪王薛，四月十七日誕辰，專司各殿解到鬼魂，分別善惡，核定等級，發四大部州投生。男女壽夭，富貴貧賤，逐名詳細開載，每月匯知第一殿註冊。凡有作孽極惡之鬼，著令更變卵胎溼化，朝生暮死，罪滿之後，再復人生，投胎蠻夷之地。凡發往投生者，先令押交孟婆神，醧忘臺下，灌飲迷湯，使忘前生之事。

雖然說閻羅的信仰與佛教的傳入有關，但它早就在地化了。在民間有種說法：「人之正直，死為冥官。」死後成為閻羅的主要有韓擒虎、嚴安之、郄惠連、寇準、范仲淹、韓琦、包拯、林衡等人。韓擒虎是隋代的猛將，嚴安之、郄惠連則是唐人。

隋唐時代，做冥官的標準除了正直，還有就是嚴明、至忠、至孝。嚴安之在唐玄宗時作京兆尹「以強明稱，民吏畏之」。郄惠連因事父至孝，有「至行」，被玉帝冊立為「司命主者」的閻羅王。

到了宋代，閻羅都由名臣任之，而且都是有風骨，有作為，剛直清廉的名臣，政治家寇準、文學家范仲淹、著名丞相韓琦、官臣包拯、知縣林衡等都是宋人。這

五人中，林衡名位較低，在秀州知州任上去世。據南宋著名文學家洪邁在《夷堅丙志》卷一說他「平生仕宦，以剛猛疾惡自任」，是個敢作敢為的清官。

值得指出的是，包拯之為清官，最為民間稱道，而他身為閻王，在民間也流傳最廣。寇準、范仲淹、韓琦等死後為閻羅，民間流傳並不廣，但包拯之為閻羅王，則婦幼皆知。清代藏書家翟灝在《通俗編》云：

「今童婦輩翻言平反冤獄，輒稱包龍圖，且言其死作閻羅王。」

不僅如此，民間傳說還稱，包公活著的時候，就開始管理著陰間事務，所謂「日斷人間，夜斷陰間」。據說包公有一個「遊仙枕」，他只要頭枕這個仙枕，就可進入陰曹地府。

清官死後為閻羅的民間傳說，具有特殊意義，大可玩味。閻王是地下世界的最高主宰，按常理，與它對應的應是陽世的帝王。然而在中國，卻沒有聽說哪個人間帝王死後成為閻王，閻王的存在原本是民間的安排。民間百姓不能選擇陽間的帝王，卻可以選擇陰間的主宰。這顯然反映了百姓的價值觀念與情感訴求。

民間的閻王信仰以及清官為閻王的傳說，除了表現出百姓對清官的肯定與敬仰，以至崇拜，顯然還表現了百姓對彼時人間的官僚體制，對貪官橫行，正義難以施行的現實社會的不滿。同時，還反映了民間百姓對公平、正義的美好社會的希冀與追求。

【旁注】

▼**陰間**：人類生存的空間，稱其為陽間，人類死亡後，其靈魂所在的空間，稱為陰間。大量的古代神話和道教典籍中都有陰曹地府的記載，把世界萬物都統一為陰陽兩極的互動，這就是陰陽學說，是中國古代哲學的重要組成部分。

▼**冊封**：中國古代皇帝授勛封爵舉行儀式時宣讀的冊文。古代，皇帝以勛封爵號授給異姓王、宗族、后妃等，都經過一種儀式，在受封者面前，宣讀授給封爵位號的冊文，連同印璽一齊授給被封人，稱為冊封。

▼**洪邁**：（西元一一二三至一二〇二年），南宋饒州鄱陽人，字景盧，號容齋。南宋著名文學家。洪邁學識淵博，著書極多，文集《野處類稿》、志怪筆記小說《夷堅志》，編纂的《萬首唐人絕句》、筆記《容齋隨筆》等，都是流傳不朽的名作。

▼**翟灝**：（西元？至一七八八年），清藏書家、學者。字大川，改字晴江，自號

巢翟子。浙江杭州人。乾隆年間進士，官金華、衢州府學教授。性嗜藏書，自經史外，凡諸子百家、山經地誌、稗史說部、佛乘道詁等書，廣加收羅。

【閱讀連結】

「二十四史」很少記有陰陽界故事，而韓擒虎做閻羅王的傳說卻被記進本傳，可見條傳說在初唐頗見風行。在晚唐敦煌變文《韓擒虎話本》中，更是唯妙唯肖描述了韓擒虎在滅陳後，五道將軍持天符請他出任陰司之主，韓擒虎應允，請假三天，隋文帝楊堅並舉行了告別宴會。

在第三天假期日滿之時，有一紫衣人、一緋衣人乘烏雲前來迎接韓擒虎，自稱「原是天曹地府，來取大王」上任。於是，韓擒虎辭別朝廷君臣和家小，赴陰間當閻羅王去了。

柳毅為龍女傳書到龍宮

唐代在社會政治、經濟、文化等各方面空前繁榮的情況下，婦女們對傳統男尊女卑地位提出了新的要求，她們追求戀愛自由，追求美滿生活，希望有自己的人格和尊嚴，嚮往男女平等。但在當時，家庭虐妻事件時有發生，影響很大。

唐貞元年間，吏部有一位名叫李朝威的官員，喜歡舞文弄墨，編寫神怪故事。一天，他到郊外專訪退休的官員薛嘏，薛嘏詳細講述了他的表兄柳毅為龍女傳書的傳奇故事給他聽。

回家後，李朝威反覆斟酌，結合當時家庭、婚姻這一社會現實，寫成了〈柳毅傳〉這個唐代傳奇故事。

傳說，柳毅是唐高宗時的一位書生，家住在洞庭湖畔。高宗儀鳳年間，他到京城長安去應考進士，但是卻沒有考中。他在打道回府途經涇陽的時候，忽然想起自己有個同鄉在此地，就去拜見。

柳毅騎著馬在涇水邊走著，忽然一群小鳥從路邊的草叢中驚飛起來。柳毅的馬受到了驚嚇，如離弦的箭一般，在林中一口氣跑了一二十里才停下來。

這時，柳毅已分不清東南西北，不知道自己身處何方。馬也是一個勁地在原地打著轉，不再向前行走半步。正在納悶的時候，他猛然聽到一個女子啜泣的聲音，不覺循聲望去。

柳毅看到不遠處一個年輕的女子，坐在水邊的一棵柳樹下，一顫一顫地在抽泣。她面帶愁容，眉頭緊鎖，一副滿腹心思無處傾訴的樣子。

柳毅本是個見義勇為的好心人，見到如此景象，自然心中不平，但又不敢冒昧，於是裝著出來散心的樣子，慢慢地靠近這位女子。到了她身邊，柳毅詫異地問道：「請問女子為何在此哭泣，心中到底有什麼委屈啊？」

這位年輕的女子，看到有人來了，連忙收斂了愁容，拭乾了臉上的眼淚。又見柳毅不像是一個壞人的模樣，就跟他袒露了心扉。

她告訴柳毅：「我是洞庭龍王的小女兒，是父王的掌上明珠。一年之前，父王把我許配給涇川龍王的兒子為妻。可是我這丈夫只知道遊蕩玩樂，從不念及夫妻之情。我稍微勸他一下，他就又罵又打，越來越厭棄我。我多次到公婆面前去說理，可是公婆卻總是護著自己的兒子，對我的話不以為然。這家裡的上上下下都是他們家的人，我一肚子的怨恨愁苦無處可訴，只好到這河邊，遣懷哭泣，嘆息自己為何這樣的命苦！」說完，又抽泣流淚不停。

柳毅聽了龍女的話，早已憤憤不平，只是一時半會還想不到什麼辦法。因為涇川龍王畢竟是個龍王，自己一介凡夫俗子，又怎麼鬥得過呢？

小龍女接著說：「我多麼想告訴我的父王，能把我迎接回去。可是，這涇川離洞庭湖實在是太遠了。家裡的公婆對我管教又嚴，使我抽不開身。我想找一個送信的人，把我的悲苦告訴給我的父王，但是到哪裡去找這樣的人呢？」

柳毅聽到龍女要找送信的人，就誠懇地對龍女說：「小生柳毅，就住在洞庭湖旁邊。我正要回家，不知道我能不能幫妳做點什麼，要說把信送到洞庭湖的話，這沒有什麼難的，可是不知怎樣才能將信交給洞庭龍王呢？」

龍女聽說柳毅能幫她送信，心裡非常感激，就立刻替他指點：「在洞庭湖南岸的湘江入口處，有一棵很大的橘子樹，當地人把它叫做『社桔』，方圓十里之內的人沒有不知道的。你到了樹邊，然後面朝南，背靠在樹幹上，解下腰帶把自己和樹綁在一起，再用後腦勺輕輕地撞幾下樹幹，就會有人帶你到我父王那裡去的，到時你就可以把我的事告訴給他。」

柳毅從龍女手中接過她早已準備好的信，表示一定不會有負龍女的重託。他跨

上馬，也不再去拜見他同鄉了，就一直往家鄉趕。

不到一個月的時間，柳毅就回到了家鄉洞庭湖。他划著船登上南岸，果然看到有一棵橘子樹。於是，他按照龍女告訴他的方法，在樹幹上撞了幾下。

沒一會，就有一個蟹將走了出來，對柳毅行過禮後，將柳毅迎了進去。蟹將把柳毅帶到了水晶宮裡的靈光殿裡去進見洞庭龍王。

柳毅見了龍王，趕忙跪下就拜，拜過之後，他就把在涇水見到小龍女的事全都告訴了龍王，並把龍女託付的信交給了龍王。

龍王十分感謝柳毅，就送了很多龍宮的寶物給柳毅，然後就把他送出了龍宮。柳毅離開龍宮之後，他賣掉了龍王贈送給他的部分寶物，得了一大筆錢，成了遠近聞名的富足人家。

後來，柳毅娶了一個張姓的女子，可是娶過來不久，就無緣無故地死了。第二次又娶了一個韓姓的女子，過門幾個月也過世了，而且也弄不清什麼原因。

接連死了兩個妻子之後，柳毅在接下來的三年內都沒有再娶妻子。後來，他到金陵去遊玩。他在金陵待了很久，結識了不少的朋友。他的朋友聽說他還沒有妻室，就託媒人替他說了一位盧姓的女子。這女子聰明漂亮，知書達理，仁愛善良。

柳毅很快就喜歡上了這個女子，於是擇定吉日成婚了。

等到入了洞房，柳毅掀開妻子的蓋頭仔細看時，越看越覺得這女子像他以前在涇水邊上見過的龍女。於是柳毅就問妻子，這是什麼樣緣故。妻子說，她就是洞庭龍王的女兒。

原來，自從柳毅把信送給父王之後，洞庭龍王聯合自己的弟弟錢塘龍王，打敗了涇川龍王，隨後把女兒接了回來。這小龍女為了感激柳毅的恩德，就化作人間的女子來到人世與柳毅成了親。

這龍女本有萬年的壽辰，柳毅和她成為夫婦之後，他也沾了仙氣，從此也就長生不老了。

柳毅的故事是唐代以來傳奇裡最有成就的篇章之一，在中國文學史上占有一席之地。在唐代已經普遍流傳，唐末有根據這個故事寫成的〈靈應傳〉，至宋元明清時期，戲文中有柳毅和洞庭龍女的故事。

元代曲作家尚仲賢的《柳毅傳書》，元代戲曲作家李好古的雜劇《張生煮海》，明代黃說中的《龍簫記》傳奇，明代文學家許自昌的《桔浦記》傳奇，清代文學家李漁的《蜃中樓》傳奇，近人的《龍女牧羊》等，都是由它演變而來的，使

《柳毅傳書》成為家喻戶曉的故事。

「柳毅傳書」的故事，揭示了古代社會由父母包辦的、缺少感情基礎的婚姻，是造成廣大婦女家庭婚姻悲劇的根本原因。從龍女的身上，反映出當時的婦女為爭取美好生活的熱望和精神。柳毅的形象，則展現了中華傳統道德中正直無私、見義勇為、施不望報的俠義思想品格。

【旁注】

▼ **吏部**：古代官署名。隋唐時期列為「六部」之首。長官為吏部尚書，副長官稱侍郎，歷代相沿。吏部掌管全國官吏的任免、考核、升降、調動等事務。下設明清為文選清吏司、驗封司、稽勛司和考功司四司。

▼ **龍王**：神話傳說中在水裡統領水族的王，掌管興雲降雨。龍是古代神話的四靈之一，道教認為東南西北四海都有龍王管轄，叫四海龍王。另有五方龍王、諸天龍王、江河龍王等。

▼ **蓋頭**：古時候婚禮時，新娘頭上都會蒙著一塊別緻的大紅綢緞，被稱為紅蓋頭，入洞房後由新郎揭開。最早的蓋頭約出現在南北朝時的齊代，當時是婦女

避風禦寒使用的只僅僅蓋住頭頂。後來在民間流行不廢，並成為新娘不可缺少的喜慶裝飾。

▼**雜劇**：最早見於唐代，那意思和漢代的「百戲」差不多，泛指歌舞以外諸如雜技等各色節目。到了宋代，「雜劇」逐漸成為一種新表演形式的專稱，這一新形式也確實稱得上「雜」的，包括有歌舞、音樂、調笑、雜技。

【閱讀連結】

相傳，唐高宗聽了柳毅長生不老的事情之後，一心也想求長生不老之術，於是經常召見柳毅，使柳毅無法安居。柳毅為了躲開唐高宗的煩擾，就帶著龍女來到了東海上的一個凡人無法到達的島嶼上，從此再也沒有在人間出現過。

開元末年，柳毅的表弟柳嘏到京城參加殿試中得了狀元。柳毅還給了柳嘏五十粒仙丸。這些仙丸，吃一顆就能增添一年的壽命，柳嘏吃了這些仙丸之後，使本來只有七十歲的壽命延長到了一百二十歲。

電子書購買

國家圖書館出版品預行編目資料

把眼淚還來！細思極恐的傳說真相：岳飛背上到底刺什麼？劉伯溫是諸葛亮轉世？梁山伯算不算 gay ？重新挖掘鄉野奇談的另一面！ / 趙惠玲，石靜 編著 . -- 第一版 . -- 臺北市：崧燁文化事業有限公司 , 2023.04

面；　公分

POD 版

ISBN 978-626-357-274-4(平裝)

1.CST: 中國史 2.CST: 通俗史話

610.9　　112004076

把眼淚還來！細思極恐的傳說真相：岳飛背上到底刺什麼？劉伯溫是諸葛亮轉世？梁山伯算不算 gay ？重新挖掘鄉野奇談的另一面！

臉書

編　　著：趙惠玲，石靜
發 行 人：黃振庭
出 版 者：崧燁文化事業有限公司
發 行 者：崧燁文化事業有限公司
E-mail：sonbookservice@gmail.com
粉 絲 頁：https://www.facebook.com/sonbookss/
網　　址：https://sonbook.net/
地　　址：台北市中正區重慶南路一段六十一號八樓 815 室
Rm. 815, 8F., No.61, Sec. 1, Chongqing S. Rd., Zhongzheng Dist., Taipei City 100, Taiwan
電　　話：(02) 2370-3310　　　傳　　真：(02) 2388-1990
印　　刷：京峯彩色印刷有限公司（京峰數位）
律師顧問：廣華律師事務所 張珮琦律師

定　　價：299 元
發行日期：2023 年 04 月第一版
◎本書以 POD 印製